房地产
从入门到精通

市场调研 · 项目策划 · 投资分析

于婷婷　主编

化学工业出版社

·北京·

内容简介

《房地产从入门到精通——市场调研·项目策划·投资分析》一书主要涵盖三部分内容。第一部分：市场调研，由市场调研概述、宏观环境调查、市场需求调查、市场状况调查、营销环境调查、竞争对手调查组成；第二部分：项目策划，由项目市场定位、项目总体规划、项目主题策划、项目产品策划、项目定价策划、项目广告策划组成；第三部分：投资分析，由项目地块分析、项目价值评估、项目可行性研究、项目投资成本估算、项目资金筹措分析、项目投资风险分析组成。

本书实用性强，着重突出可操作性，尤其是提供的国内知名房地产企业在管理过程中的经典范本，可帮助企业管理者在房地产企业运营的全过程中提升工作能力，使之为企业的管理创造价值、发挥更大作用。

图书在版编目（CIP）数据

房地产从入门到精通. 市场调研·项目策划·投资分析/于婷婷主编. —北京：化学工业出版社，2021.2
（房地产项目策划与实施从入门到精通系列）
ISBN 978-7-122-38147-7

Ⅰ.①房…　Ⅱ.①于…　Ⅲ.①房地产投资-策划　Ⅳ.①F293.3

中国版本图书馆CIP数据核字（2020）第243384号

责任编辑：陈　蕾　　　　　装帧设计：尹琳琳
责任校对：王鹏飞

出版发行：化学工业出版社
　　　　　（北京市东城区青年湖南街13号　邮政编码100011）
印　　装：三河市延风印装有限公司
710mm×1000mm　1/16　印张13¾　字数235千字
2021年3月北京第1版第1次印刷

购书咨询：010-64518888
售后服务：010-64518899
网　　址：http://www.cip.com.cn
凡购买本书，如有缺损质量问题，本社销售中心负责调换。

定　　价：68.00元　　　　　版权所有　违者必究

　　房地产行业是我国的支柱产业之一，对国民经济的健康发展起着重要的作用。随着房地产行业的不断发展，竞争日趋激烈，也给房地产行业带来了较大的压力。为了能够在激烈的市场竞争中取胜，降低成本和扩大利润是房地产行业需要重点考虑的问题，需要加强内控管理制度，优化房地产的内控建设，从而促进房地产行业的持续、健康发展。

　　在房地产新环境下，对市场、环境、客户的研究分析显得尤为重要，这是打造符合市场需求产品的重要工作。除了对市场、环境和客户的深入研究和分析，创新的营销方法也是赢得市场重要的手段。本书就如何分析、定位产品和市场，以及创新营销展开案例式的讨论和讲解。房地产项目策划的全过程需要开发商从拿地开始，进行市场调查、消费者心理行为分析、市场定位、项目规划设计，制定价格策略、广告策略、销售策略，以及物业管理前期介入的全过程筹划与部署工作。房地产项目策划是将策划理论与房地产开发、房地产投资、房地产估价、房地产经营、房地产市场营销、物业管理等有关理论与知识结合，并应用于房地产项目实际运作过程中的一门新兴学科。如今，房地产市场调研、项目报建、施工管理、营销策划等仍存在一定的问题，基于此，我们通过对国内一些知名房地产企业的成功经验进行总结，结合我们的咨询调研方案，编写了"房地产项目策划与实施从入门到精通系列"，具体包括《房地产从入门到精通——市场调研·项目策划·投资分析》《房地产从入门到精通——项目报建·施工管理·竣工验收》《房地产从入门到精通——营销策划·整合推广·销售管理》三本房地产行业用书，供读者参考使用。

其中,《房地产从入门到精通——市场调研·项目策划·投资分析》一书主要包括三个部分:第一部分(市场调研)由市场调研概述、宏观环境调查、市场需求调查、市场状况调查、营销环境调查、竞争对手调查6章组成;第二部分(项目策划)由项目市场定位、项目总体规划、项目主题策划、项目产品策划、项目定价策划、项目广告策划6章组成;第三部分(投资分析)由项目地块分析、项目价值评估、项目可行性研究、项目投资成本估算、项目资金筹措分析、项目投资风险分析6章组成。

本书由于婷婷主编,参与编写的还有匡仲潇、刘艳玲。由于编者水平有限,加之时间仓促,书中难免会出现疏漏与缺憾之处,敬请读者批评指正。

编者

目录

001

第一部分
市场调研

　　房地产市场调查是根据房地产独特的行业特点，运用科学理论和方法以及现代化的调查技术手段，通过各种途径收集、整理、分析有关房地产市场的资料信息，正确判断和把握市场的现状以及发展趋势，为房地产项目的科学决策提供正确依据。

071

第二部分
项目策划

房地产项目策划是进行项目投资决策的依据，是房地产建设活动中的一个独立环节。房地产策划贯穿于项目的每个环节，通过概念设计及各种策划手段，使开发的商品房适销对路，占领市场。

139

**第三部分
投资分析**

经过前期的市场调研，通过房地产市场信息的收集、分析和加工处理，房地产企业可以寻找出其内在的规律和含义，以此来预测市场未来的发展趋势，可以帮助房地产企业掌握市场动态、把握市场机会或调整其市场行为。

第十三章 项目地块分析

第十八章　项目投资风险分析　　184

REAL ESTATE

房地产项目策划与实施从入门到精通系列

01

第 一 部 分
市场调研

REAL ESTATE

导言

　　房地产市场调查是根据房地产独特的行业特点，运用科学理论和方法以及现代化的调查技术手段，通过各种途径收集、整理、分析有关房地产市场的资料信息，正确判断和把握市场的现状以及发展趋势，为房地产项目的科学决策提供正确依据。

1 市场调研概述

2 宏观环境调查

3 市场需求调查

4 市场状况调查

5 营销环境调查

6 竞争对手调查

第一章
市场调研概述

💡【章前概述】▶▶▶---

　　没有调查就没有发言权。市场调研对房地产企业而言，已不仅事关发言权，而且事关生存权。房地产作为市场经济的一种商品，也必然有许多商品共有的属性。没有周密的运筹和大量的调查，房地产企业在市场经济这个竞争激烈的环境里，就没有生存的空间。

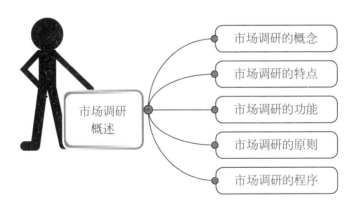

【内容解读】▶▶▶---

一、市场调研的概念

　　房地产市场调研，是根据调研目的，运用科学方法，对房地产市场的相关信息进行搜集、整理和分析，进而对房地产市场进行研究判断，针对所计划解决的问题而进行的活动。

调研应该运用科学的方法去获取和处理信息，还应对所获取的信息进行筛选、分析，去伪存真，力求真实反映市场状况，通过调研准确认知房地产的某些特征，把握市场规律，最后进行客观分析和总结。

二、市场调研的特点

房地产市场调研具有如图1-1所示的几个特点。

图 1-1 房地产市场调研的特点

1. 系统性

市场调研是一项系统性的工作，主要表现如下。

（1）各方面协调配合的市场调研组织。

（2）内在逻辑联系比较清晰的调研过程。

（3）范围广、涉及面多的市场调研内容。

（4）缜密的调研信息处理方法和总结编写。

2. 连续性

房地产市场处于动态变化中，要及时、准确地获取市场信息，市场调研活动就要有连续性。

3. 跟踪性

要对某些特定的市场信息进行持续的观察和记录，进而了解市场表现特点。

4. 目的性

任何一个有组织的市场调研活动，都要有明确的调研目的。

5. 客观性

房地产市场发展的变化，是一种客观的存在，就要求克服主观对市场的影响，在编制市场调研报告时，充分运用客观信息，对市场进行分析和判断，对报告中带有结论性的论点和建议，应有充分的论据加以论证和说明。

三、市场调研的功能

成功的市场调研通常具有如图1-2所示的功能。

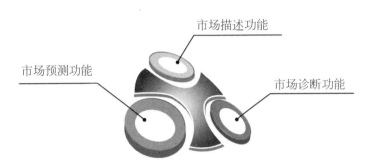

图 1-2　房地产市场调研的功能

1. 市场描述功能

这一功能是指通过搜集、整理和分析信息，围绕目的解决问题，描述市场供求、价格、竞争等有关情况，及时了解和掌握动态，为决策者提供基础信息。

2. 市场诊断功能

这一功能是指对获取的信息进行研究判断、解读和分析比较，对市场的现状、存在问题做出判断和解析，对下一步的经营管理提出针对性的策略和应对措施，为对企业进行市场跟踪和监控提供参考。

3. 市场预测功能

这一功能是指在对获取的信息进行分析、研究判断后，对市场的发展做出预测。预测功能不仅可以帮助企业对未来做出正确的判断以减少风险，而且还可以帮助企业把握未来市场变化，有效地进行企业的投资组合，增强市场竞争力。

四、市场调研的原则

房地产市场调研应遵循如图1-3所示的原则。

图1-3 房地产市场调研应遵循的原则

1. 真实性和可靠性

房地产调研所提供的信息，只有真实反映市场状况，才能为决策者提供客观可靠的依据，这也是最基本的、最重要的要求。

2. 全面性和关联性

市场现象不是孤立的，房地产市场状况会随着时间条件的变化而发生变化，这就要求在调研中坚持全面性，同时对市场系统及各系统要素之间的变化和联系做全面的调查分析，不能以偏概全、以点带面。所以，全面性是对房地产市场正确认识和科学预测的要求。

3. 实效性和经济性

房地产市场处于动态变化中，只有及时、准确地掌握信息，并不断更新，才能为决策者提供有效的依据。这就要求调研人员在调研中及时抓住和捕捉与调研目的相关的信息，并对这些信息进行及时的分析和反馈。

五、市场调研的程序

在实际操作中，房地产市场调研大致可以分为如图1-4所示的四个环节。

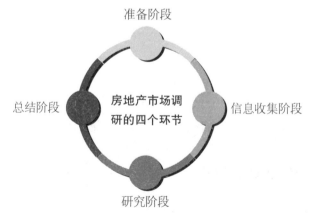

图1-4 房地产市场调研的四个环节

1.准备阶段

准备阶段也称为前期工作阶段，其主要内容包括设计市场调研方案和组建市场调研人员队伍。准备阶段在市场调研中很重要，是整个调研的工作起点，又是对整个调研工作决策设计和筹划是否取得成功的关键，这个阶段主要有两项工作。

（1）设计市场调研方案。科学的调研方案是保证成功的关键。方案是调研工作中的行动纲领。一个合格的调研方案，应包括表1-1所示的内容。

表1-1　调研方案应包括的内容

序号	方案内容	具体说明
1	明确调研目的和任务	调研目的是指本次要解决的问题及为什么要调研，即要求调研的成果有什么作用？调研的任务是指要获得什么样的信息才能满足调研要求
2	确定调研对象和调查单位	也就是知道向谁调查？具体能获取哪些资料？调研对象是指根据调研目的任务确定的调研范围以及所调查的总体，它是由某些性质上相同的许多调查单位所组成的。调查单位是指所要调查的社会经济现象总体中的个体
3	确定调研项目	项目是指对调研单位需要调研的主要内容，确定调研项目就是要明确向被调查者了解什么问题
4	设计调查报告	调查表和问卷可以作为书面调查的记录工具，也可以作为口头询问的底稿
5	确定调研的空间和时间	调研的空间是指地域范围和调查地点，时间指调研所属的起始时间和调研的时间点，也是指市场调研工作的调研期限及市场调研工作开始时间或结束时间以及进度安排
6	确定调研方式和方法	主要涉及数据资料的处理，方式有普查、重点调查、典型调查和抽样调查等。具体调研方法有文案调研法、访问法、观察法和实验法。在实践中，采用什么样的方法没有固定和统一的模式，主要取决于调研的对象和任务
7	确定信息整理和分析方法	由于房地产市场调研涉及大量信息的收集，尤其是对第一手原始资料，通常这些信息分散且不够系统，因而需要对原始资料进行加工，使其系统化和条理化
8	确定提交报告的方式	报告的方式是指市场调研报告的形式和结构、内容、附表等
9	制订调研的组织计划	组织计划是指市场调研中的人力资源配置，包括领导机构以及培训课题负责人等
10	确定调研的预算	一般进行调研时都要费用，因而需要预测费用以便合理安排
11	完善市场调研报告的编写	内容确定后可以编写市场调研计划书

（2）组建市场调研人员的队伍。市场调研人员的队伍是做好调研工作的保证。一般来说，调研人员应该具备较敏锐的市场观察力、较好的学习能力、较强的综合分析能力和较好的人际沟通能力。

2. 信息收集阶段

信息收集阶段是市场调研中最为关键的阶段，直接影响调研工作的进度和质量，其主要任务是采用各种调研方法，按照调研方案的要求，收集需要的各种相关信息，在实际市场调研工作中，通常的做法是在正式开始收集信息之前，根据任务先列出需要收集的信息清单，再根据信息清单逐项收集。

收集的资料有一手资料和二手资料，具体如图1-5所示。

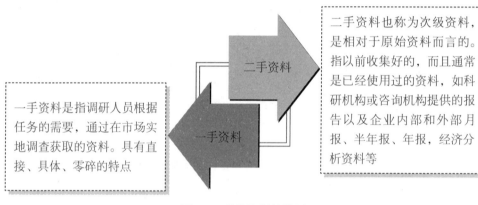

一手资料是指调研人员根据任务的需要，通过在市场实地调查获取的资料。具有直接、具体、零碎的特点

二手资料也称为次级资料，是相对于原始资料而言的。指以前收集好的，而且通常是已经使用过的资料，如科研机构或咨询机构提供的报告以及企业内部和外部月报、半年报、年报，经济分析资料等

图1-5　收集资料的类型

3. 研究阶段

调研人员在研究阶段要将所收集的各种信息进行归纳和分析，使之成为能够反映市场经济活动本质特征和适合决策者需要的信息，是信息的深加工和形成分析结论的前提，它的主要任务是对收集的信息进行去伪存真，由此及彼，由表及里的鉴别、整理和分析。

信息鉴别是指对收集的信息进行全面审核，通过对信息的编辑，把零碎的、杂乱的、分散的信息进行筛选、比较和审核，剔除不正确的信息，以保证信息的真实、准确和完整性。

整理后，调研人员需对信息进行加工。一般采取分组分类法，即按照对于问题的需要和市场现象的本质进行分类，按照结果揭示市场现象的发展规模水平、总体结构比例关系以及发展速度和趋势等。

4. 总结阶段

调研人员在总结阶段的主要任务是撰写调查报告，总结市场调研工作和评估调查结果。市场调查报告是市场调查过程中的集中体现，也是对市场调研工作的直接总结，调研人员在编写时要指出调研的目的、调研对象、调研信息处理方法、通过调研得出的结论、提出的建议等。

在总结阶段，调研人员还要对市场调研工作的经验教训进行总结，尤其是对市场中所遇到的问题和障碍要进行认真的分析，找出原因，为以后的工作积累经验。

第二章
宏观环境调查

💡【章前概述】▶▶ --

　　宏观环境的变化会明显地影响市场需求的变化，影响企业的生存、发展和营销活动。因此，企业必须重视宏观环境的调查，分析宏观环境对企业经营的影响，主动地适应甚至超前引导宏观环境的变化。

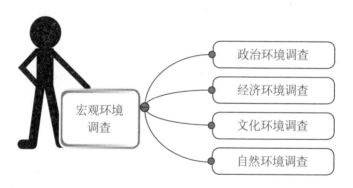

🔍【内容解读】▶▶ --

一、政治环境调查

　　房地产企业的政治环境包括政府的思想观念、企业所在地各级政府机构的办事效率、国家在房地产行业方面的政策法规等。

1.政治环境的内涵

　　政治环境指的是一个国家的政治制度、政局的稳定性和政策的连续性以及政府管理服务的水平等。如图2-1所示。

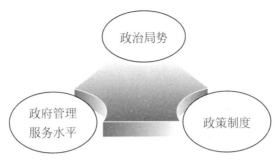

图 2-1 政治环境的内涵

（1）政治局势。政治局势稳定包含国内局势稳定和对外局势稳定两层含义，如图2-2所示。

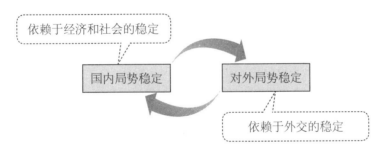

图 2-2 政治局势稳定的含义

无疑，动荡的局势会阻碍房地产行业的发展。一般来说，一个地区如果政治局势比较稳定，很显然能够吸引房地产投资，房地产价格就会比较高；如果政局动荡，甚至发生战争，显然对房地产投资是不利的，土地或房地产价格就会下跌。

小知识

分析一个地区的政治局势对于房地产投资的影响，应该具体问题具体分析，同样，要针对具体的投资主体，才能得到一个正确的结论。

（2）政策制度。政策制度是指投资者所关注的经济政策和产业政策，包括如图2-3所示的内容。

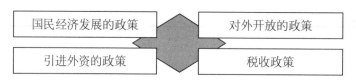

图 2-3　政策制度包括的内容

政策的连续性也是房地产投资者考虑的重点。政策不连续、不稳定，会使房地产投资者畏缩不前。

（3）政府管理服务水平。近年来，随着政府行政职能的进一步转化，政府的管理服务功能进一步加强，从而诞生了另一项评价房地产投资环境的指标——政府管理服务水平。由于房地产投资中政府审批环节多、时间长，高效、廉洁的政府形象将吸引房地产投资者进入。

小知识

政府管理水平的优劣、政府服务水平的高低直接关系到是否能够招商引资，是否能够吸引房地产企业投资。

2. 政治环境调查的意义

众所周知，房地产开发需要涉及的环节、接触的层面是一般产业投资所无法相比的。政治环境的变化，土地、房产、物业等法律法规的变化，都将对项目开发产生影响，甚至是翻天覆地的影响。

房地产开发企业进行地域性很强的房地产开发投资，首先要考虑当地的政局是否稳定、社会是否安定、地区信誉高低等直接关系到投资有无保障的问题。

小知识

只有政治稳定、社会安定、讲求效益、致力于和平建设的地区，才能确保投资的安全，并为经营获利创造必要的前提。

3. 政治环境调查的内容

房地产企业市场调研人员在对企业所处的政治环境进行分析时，分析的主要内容如图2-4所示。

图 2-4 政治环境分析的内容

4. 政治环境调查的方法

房地产企业市场调研人员在对政治环境进行分析时，可以运用表2-1所示的"政策法规索引表"帮助自己，使自己的工作更有条理、更有效率。

表 2-1 政策法规索引表

索引期限：____年__月至____年__月　　　　　　　　制表日期：____年__月__日

标题	文件号	政策类别	编号（页码）	条文概述

在该表中，"政策类别"是指政府对地产项目在开发与流通方面的政策法规的分类，可以分为如图2-5所示的四大类。

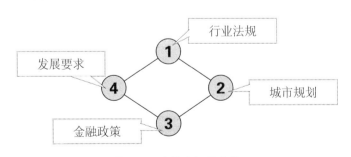

图 2-5 政策法规的分类

上图中，每个类别所涉及的具体法规包括但不限于以下内容。

（1）行业法规。行业法规是指国家、省政府、地方城市关于房地产开发经营

的方针政策，包括土地制度与土地政策、人口政策、房改政策、开发区政策、房地产价格政策、房地产税收政策、房地产企业金融政策等，如《中华人民共和国土地管理法》《房地产开发经营管理条例》。

（2）城市规划。城市规划是指政府在项目所在地及项目地块周边的短中期市政规划、土地利用总体规划、城市建设规划和区域规划、城市发展战略等，如《××市总体规划》《××市历史风貌保护规划》等。

（3）金融政策。金融政策是指政府对于房地产开发、市政规划等方面的政策法规，银行对房地产借贷的相关政策、税率及信息等金融政策。

小知识

　　房地产企业在对某一个城市或区域进行房地产项目开发前，必须对当地政府在房地产方面的政策法规进行调查分析，明确其对拟开发项目的作用与影响，为前期开发工作提供指导。

（4）发展要求。发展要求是指政府在土地政策、税收政策、产业政策方面对绿色低碳建筑进行的改革和倾斜，包括以减碳指标来进行金融和土地等资源配置，设置不同的税费征收标准，改进以往只是"价高者得"的挂牌出让方式，以平抑地价和房价。

相关链接

房地产调控坚持"三稳"目标，落实长效机制

　　2020年7月24日，中央层面召开房地产工作座谈会，总结房地产长效机制试点方案实施情况，分析当前房地产市场形势，部署下一阶段房地产重点工作。明确坚持稳地价、稳房价、稳预期，因城施策、一城一策，从各地实际出发，采取差异化调控措施，及时科学精准调控，确保房地产市场平稳健康发展。

　　会上表示，应高度重视当前房地产市场出现的新情况新问题，时刻绷紧房地产调控这根弦，坚定不移推进落实好长效机制。要全面落实城市政府主体责任，发现问题要快速反应和处置，及时采取有针对性的政策措施。要实施好房地产金融审慎管理制度，稳住存量、严控增量，防止资金违规流入房地产市场。

2020年3月以来，由于疫情防控形势逐步好转，我国房地产市场热度明显增加，多个城市出现环同比增长的高位，自住需求、投资、投机需求齐上阵，"万人摇""日光盘"等现象再现。进入7月后，部分参加座谈城市一改近两年微松态度，转而加入收紧房地产市场调控队伍。

据统计，7月以来，已有深圳、东莞、郑州、南京等7个城市收紧房地产调控措施。

值得注意的是，除房地产调控措施有所收紧外，住房贷款利率也有回升调整的迹象。融360｜简普科技大数据研究院研究员李万赋表示，7月下调房贷利率的城市数量较前几个月有所减少。

二、经济环境调查

地产经济作为国民经济发展的重要因素，在国民经济发展中也处于重要的地位，它不仅改善了人们生活的质量，对国家经济的发展也起到很大的推动作用。

1. 经济环境的内涵

经济环境是投资者投资决策时考虑最多、最重要、最直接的基本因素，其包含的内容很多，主要包括如图2-6所示的内容。

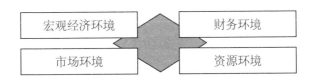

图2-6 经济环境包括的内容

（1）宏观经济环境。宏观经济环境是一个国家或者地区的总体经济环境。如该地区的国民生产总值、国民收入、国民经济增长率等反映国民经济状况的指标；当地居民的消费额、消费结构、居民收入、存款余额、物价指数等描述社会消费水平和能力的指标。如图2-7所示。

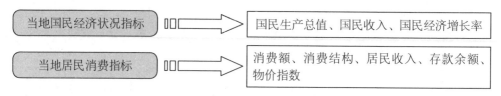

图2-7 宏观经济环境包括的内容

（2）市场环境。市场环境是指投资项目面临的市场状况，包括市场现状和未来发展趋势。具体如图2-8所示。

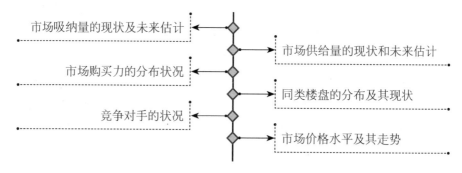

图2-8 市场环境包括的内容

（3）财务环境。财务环境是投资项目面临的资金、成本、利润、税收等环境条件，它主要包括金融环境，如资金来源的渠道、项目融资的可能性及融资成本等，还包括经营环境，如投资费用、经营成本、税收负担、优惠政策和条件、同类项目的社会平均收益水平及盈利水平等。如图2-9所示。

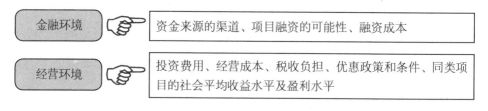

图2-9 财务环境包括的内容

（4）资源环境。资源环境是指从人力资源、原材料资源、土地资源和能源角度出发研究的投资环境。

2.经济环境调查的意义

城市经济环境中的各项因素对房地产项目开发的影响主要体现在四个方面，

具体如图2-10所示。

国民经济发展速度		国民经济高速增长时期是房地产需求的旺盛时期，为其发展创造了条件
金融条件		房地产企业的发展需要金融业的大力支持，房地产企业的发展也为金融业的发展提供了积极动力
通货膨胀		房地产企业的发展推动通货膨胀程度的加重，通货膨胀的加重又使房地产行业繁荣，然后势头大减，导致地产泡沫
经济收入与购买力		居民经济收入决定消费者的购买力，消费者购买力的大小又决定了房地产需求市场的容量多少

图2-10　经济环境对房地产项目开发的影响

3.经济环境调查的方法

房地产企业市场调研人员在对企业经济环境进行分析时，可以使用"经济环境调查事项表"来帮助自己，使自己的工作更有条理，更有效率。具体内容见表2-2。

表2-2　经济环境调查事项表

项目	全省			项目所在地		
	指标	数量	与上年同比增长	指标	数量	与上年同比增长
国内生产总值（GDP）						
房地产开发占GDP的比重						
房地产投资占全国投资总额的比重						
社会消费品零售总额						
商品零售价格指数						
居民消费价格指数						
商品住宅价格指数						
消费者投资信心指数						

三、文化环境调查

社会文化往往对房地产行业有着深刻的影响，尤其对房地产项目的定位有着更直接的影响。

1. 文化环境的内涵

社会文化环境是计划投资地域的社会秩序、社会信誉和社会服务等条件，同时包括当地居民的文化教育水平、社会传统、风俗习惯等。

（1）社会秩序。社会秩序是指计划投资地区的社会政治秩序和经济生活秩序，包括当地社会的稳定性、安全性，当地居民对本地经济发展的参与感，对外来经济势力的认同度等。

（2）社会信誉。社会信誉是由公共道德水平和法律双向支撑的，是维系社会发展的基石。社会信誉既包括合同履约的信誉，也包括社会承诺的信誉，由于房地产投资具有一定的长期性，若在一个信誉缺失的社会，合同得不到履行，承诺得不到兑现，房地产投资者往往会望而却步。

（3）社会服务。社会服务是指计划投资地区所能提供的服务设施及服务效率条件，既包括某些硬的条件，也包括某些软的条件。构成社会服务环境的条件主要如图2-11所示。

| 金融服务 | 生活服务 | 通信服务 | 交通服务 | 信息服务 |

服务内容的设备条件、服务效率、服务水平

图2-11　构成社会服务环境的条件

小知识

由于这些服务由整个社会提供，体现一个社会的发展水平和文明程度，房地产企业需将其归入社会环境之中进行综合考虑。

2. 文化环境调查的内容

房地产企业对文化环境分析的项目，具体内容见表2-3。

表 2-3　文化环境分析的项目

序号	类别	具体内容
1	道德、价值观	（1）社会文化传统 （2）社会责任 （3）对政府的态度 （4）对工作的态度 （5）对道德的关切程度
2	民族文化	（1）民族分布及其特点 （2）宗教信仰及风俗习惯 （3）居民的受教育程度及文化水平
3	习惯与观念	（1）对购物、休闲的习惯 （2）职业构成和商业观念 （3）消费与投资观念 （4）人们的审美观念

小知识

　　一个国家、一个城市、一个地区的社会文化并不是一成不变的，特别是人们的生活习惯、审美观念等会随着人们受教育程度的不断提升、人口的有序流动、城镇化的进程等发生改变。

3. 文化环境调查的方法

　　房地产企业市场调研人员在对企业的潜在客户进行市场调研时可以运用"问卷调查"的方式，在问卷中，一般要设置一些有关消费者背景资料调查的问题，这些问题的调查结果就会成为房地产开发项目所在区域的文化环境分析的资料来源。

【行业参考】 ▸▸

消费者背景资料

　　1.性别

　　　　□男　　　□女

　　2.年龄

　　　　□30岁以下　　　□30～40岁　　　□40～50岁　　　□50岁以上

3.学历

□本科以上　　□本科　　□大专　　□大专以下

4.您的家庭成员共_____人

5.家庭年收入

□3万元以下　　□3万～8万元　　□8万～15万元

□15万～30万元

6.您平时出行的交通工具

□私家车　　□摩托车　　□自行车　　□公交车

□出租车　　□其他

7.您现在担任的职务

□政府高级公务员　　□高级科研人员　　□政府普通公务员

□企业高管　　□企业中层管理人员　　□下岗待业者

□普通职员　　□私企业主　　□其他（请说明）

8.您平时经常看哪些报纸

□日报　　□晚报　　□广播电视报　　□法制报

□商报　　□都市报　　□其他（请说明）

4.文化环境调查结果的应用

文化环境的调查结果一般都会直接影响房地产项目的产品定位，尤其对房地产项目的规模、户型、价格等有影响。

（1）文化环境定位的步骤。不同的消费者在价值观念、思维方式、宗教信仰等方面都具有不同的特征。房地产企业要针对不同区域的文化环境进行翔实的分析，然后对房地产项目进行准确的定位，这一定位的步骤如图2-12所示。

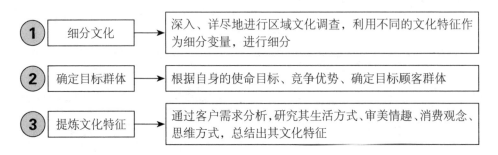

① 细分文化 → 深入、详尽地进行区域文化调查，利用不同的文化特征作为细分变量，进行细分

② 确定目标群体 → 根据自身的使命目标、竞争优势、确定目标顾客群体

③ 提炼文化特征 → 通过客户需求分析,研究其生活方式、审美情趣、消费观念、思维方式，总结出其文化特征

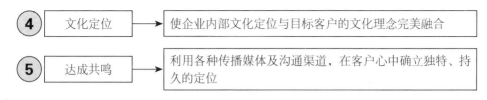

图 2-12 文化环境定位步骤

（2）文化环境定位的模式。根据房地产文化定位的流程和文化提出方法的不同，可以分为两种基本的定位模式，即传承型和创新型，具体内容见表2-4。

表 2-4 文化环境定位模式

序号	模式	具体内容
1	传承型	（1）从传统主流文化、地方区域文化出发 （2）通过文化调查分析，提炼区域文化的特征和精髓，发掘目标客户群的核心价值取向、文化特征，加以整理和提炼，形成个性化的房地产文化 （3）通过包装策划，有效持续地传播沟通，引起消费者的认同和共鸣，最终使其采取消费行动
2	创新型	（1）通过洞察社会经济发展趋势，结合科学技术的发展与创新，充分挖掘顾客的潜在人居文化消费需求 （2）对区域文化精髓进行提炼和升华，创造性地塑造出与目标顾客文化相融合的房地产特色文化 （3）通过媒体的强力宣传影响和引导消费者的文化价值取向

相关链接

文化影响成为房地产业发展方向

房地产并不是土地、材料和功能的市场，而是时代、文化和精神变革的产物；楼盘并不是钢筋加水泥，它产生于它所要求的文化和精神。一个楼盘只有注入了文化的内涵，才能增加它的价值；产品本身就像流行歌曲，很容易过时，只有附加在楼盘上的文化，才能持之以恒。

近年来，随着城市化进程的加快及商业活动的日益繁荣，各式高档建筑似乎在一夜之间占据了城市中那些最繁华的角落。作为人类文明活动的场所，今天开发建设的房地产项目，不但影响着现在，而且它们终将融入历

史，并对文明产生巨大影响。

同时，文化因素在顾客购房决策中也越来越受到重视，具体表现在消费者对产品的要求不只是停留在一般功能和结实耐用上，更讲求消费的档次和品位，要求产品能给人以美感和遐想，即有浓烈的"文化味"，能集实用、装饰、艺术、欣赏、情感于一体。这就决定了地产项目应有的精神内涵和文化内涵，它可以说是地产之魂，有了"魂"，商品则升华为一种情感，一个有灵性的活物，由此引发地产文化的产生。房地产文化的表现形式有两种：一种是"硬文化"，如建筑风格、自然环境所体现出来的产品本身；另一种是"软文化"，如社区文化、企业文化等。文化逐渐成为房地产行业的核心竞争力。如何整合房地产的传统文化，演绎人文魅力，已成为房地产业的主要发展方向。

由于房地产业的高度市场化，一些房企诉求于人们对豪华和高档的追求，走进了娱乐化营销模式的误区。然而"文化"并不是"皇帝的新衣"，它不能沦为一种徒有虚名的华丽包装，它需要的是扎扎实实的"做工"，以及这几年来人们所呼吁的具有人文关怀的结构设计。从建筑文化这些最基本要求出发，再谈其精神层面的更高属性，必然使人更加心悦诚服。

四、自然环境调查

所谓自然环境是指一个地区的自然物质环境，主要包括各种自然地理的资源条件，如地质、地形、地势、地貌以及天气气候等。自然环境对房地产企业有着重要的影响，优越的自然环境会促使房地产市场繁荣兴旺，房地产企业应该对所处地区的自然条件加以科学的分析，积极处理好自然环境与房地产企业的相互制约关系，因势利导，扬长避短地科学利用。

小知识

地质和地形条件决定了房地产基础施工的难度，投入的成本越大，开发的房地产价格自然就会越高。气候温和适宜、空气质量优良的地域，其房地产价格也会比气候相对恶劣的地域高。

秦岭生态环境保护范围内禁止房地产开发

2020年3月25日闭幕的陕西省十三届人大常委会第十六次会议审查批准了《西安市秦岭生态环境保护条例》(以下简称《条例》)。《条例》于2020年7月1日起施行。

《条例》明确，西安市人民政府应当建立完善秦岭生态环境保护网格化管理制度。优先吸收熟悉地形地貌、能够完成巡查任务的当地居民担任基层网格员。秦岭范围分为核心保护区、重点保护区、一般保护区。秦岭范围内除核心保护区、重点保护区以外的区域，为一般保护区。秦岭范围内禁止下列活动。

（1）房地产开发。

（2）开山采石。

（3）新建宗教活动场所。

（4）新建、扩建经营性公墓。

（5）新建高尔夫球场。

（6）法律、法规禁止的其他活动。

秦岭山体坡底以上区域，除实施能源、交通、水利、国防等重大基础设施建设和战略性矿产资源勘查项目外，还禁止下列活动。

（1）勘查、开采矿产资源。

（2）扩建、异地重建宗教活动场所。

（3）新建水电站。

（4）新建宾馆、招待所、培训中心、疗养院、度假山庄。

（5）削山造地、挖地造湖。

在核心保护区、重点保护区违法进行开发建设活动，由有关部门按照各自职责，责令停止违法行为、限期拆除、恢复原状，对单位处100万元以上200万元以下罚款，对个人处10万元以上20万元以下罚款。

《条例》规定，列入秦岭人文资源保护名录的文物古迹、革命遗址、古栈道、古镇古村、名人故居、寺观教堂和有明确文字记载且在历史上有一定影响的遗迹，应当整体保护，保持其传统格局、历史风貌和空间尺度。不得改变与其相互依存的自然景观和环境，以维护历史文化遗产的真实性、完整性。

第三章
市场需求调查

💡【章前概述】▶▶▶--

市场需求调查就是通过调查、研究、考察市场需求情况，把产品的市场需求情况用数据表示出来。对于房地产企业来说，开发一个项目之前，需要对市场需求进行调查。

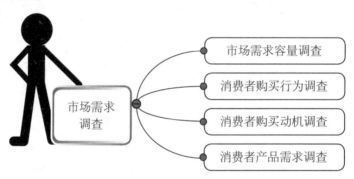

🔍【内容解读】▶▶▶--

一、市场需求容量调查

房地产企业在一个区域内做房地产开发，首先必须调查该区域未来房地产的供应量、需求量、业态规划和设计。房地产的盈利最终取决于租赁和销售后的经营状况。

1. 预测方法分类

房地产需求预测是指对房地产未来的发展做出估计，预测提供的信息虽然不是完全准确的，但是可使房地产项目开发的不确定性大大降低。房地产需求预测是制定房地产政策，做出房地产投资决策以及实施房地产经营与开发的重要依据。

房地产需求预测方法分为两类，具体如图3-1所示。

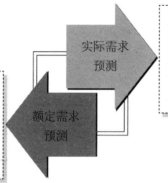

又称主观需求预测，是根据人们对房地产市场的期望和人们的实际支付能力做出的预测，适宜做出短期预测，一般预测时间为 1 ～ 5 年

又称客观需求预测，指根据行政机关或相关机构制定的标准做出的预测，该方法进行长期预测最多为 20 年，一般以 10 ～ 15 年为佳

实际需求预测

额定需求预测

图 3-1　预测方法分类

2. 住房需求预测

住房需求预测是指在一定时间、一定区域范围内，在某一价格水平下，人们有住房意愿并有能力购买的数量预测。住房需求预测可以采用以下两种操作方法，具体如图3-2所示。

额定住房需求预测法

先确定当前住房短缺量，然后确定未来某一时期的短缺量，再计算两者之和，即为住房需求预测量；在不划分"当前"和"未来"的条件下，确定预测期内累计住房的短缺量，即为住房预测需求量

实际住房需求预测法

通过调查取得相关信息（搬迁动机、可用于住房的资金、住户类型、住户要搬出和搬入的住宅状况），通过对这些信息进行分析而得出未来某一时期内住房的需求状况

图 3-2　住房需求预测操作方法

3. 办公用房需求预测

办公用房需求预测也分为以办公为主的办公用房与兼做办公用的其他用房两类，具体内容见表3-1。

表 3-1 办公用房需求预测

以办公为主的办公用房	兼做办公用的其他用房
（1）办公用房的需求与行业类型、职业性质有密切的关系，不同类型的行业与职业，其需要办公用房的面积也不一样	（1）兼做办公用房的其他办公用房具体包括仓库、酒店、学校、医院等
（2）需要新建的办公用房面积与员工人数、每人所需面积及空房率有关，预测各类职业从业人数的增长量是办公用房需求预测的关键	（2）办公用房的需求量变化主要与国家的经济发展情况、相关政策及法律法规有关

二、消费者购买行为调查

对购房者的购买行为进行调查，首先就要对购买行为进行分类，然后根据不同的类型分别进行调查分析。

1.购房者购买行为类型

对于购房者的购买行为，根据不同的分类标准，可以分为以下几种不同的类型。

（1）按购房目标是否确定分类。根据消费者的购房目标是否确定对购房行为进行分类，可分为表3-2所示的四类。

表 3-2 按购房目标对购房行为进行分类

序号	类别	具体说明
1	确定型	这类购房者购买行为非常明确，已有明确的购买目标。这类客户往往是急需住房，而且掌握了一定的房地产信息知识，对房子的价格有一定的承受能力，特别是对购房地段有一定的小范围内的要求
2	不完全确定型	这类购房者虽然已经有大致的购买目标，但是购买行为不太明确。这些购房者往往要经过一定时期的选择、比较后才会决定购买房产
3	不确定型	这类购房者购买行为不明确或不确定，没有明确的购买目标，对所需房产的各项需求意识模糊，表达不清，对房产价位、地段环境没有明确的概念，无疑，此类购房者是刚刚开始想要购买商品房，很多人买房的决策过程都很长，从开始考察各个楼盘到考虑成熟一般都要一年或更长的时间
4	一时冲动型	这类购房者往往具有好奇心、炫耀或消遣的心理。此类购房者的购房目标很不明确，不知道自己要购买哪个类型的房产，或许只是因现场售楼处、看板或因朋友购买而初步产生购房的想法

（2）按房地产知识的了解程度分类。根据消费者对房地产知识的了解程度对购房行为进行分类，可分为表3-3所示的两类。

表3-3　按房地产知识的了解程度对购房行为进行分类

序号	类别	具体说明
1	了解丰富型	这类购房者对房地产知识有着比较深刻的了解，而且对它周围楼盘的基本情况也比较了解
2	一知半解型	这类购房者对房地产知识有着浅显的理解，对一些楼盘的情况一知半解
3	几乎不了解型	这类购房者对房地产知识了解很少，没有分析地段和楼盘的经验，对购房手续和房屋开发过程认识不清

（3）按考虑因素侧重点分类。根据消费者考虑因素侧重点不同对购房行为进行分类，可分为表3-4所示的三类。

表3-4　按考虑因素侧重点对购房行为进行分类

序号	类别	具体说明
1	经济实用型	这类购房者的生活方式往往比较简单，崇尚简洁朴实，平时勤俭节约。其选择楼盘重在综合的质量和实用性，不求外在的名声与款型，注重倾听有关房屋的质量说明，认识事物、考虑问题都比较现实，不喜欢过多的联想和象征
2	不受约束型	这类购房者生活方式往往比较随意，客户常呈浪漫型色彩，具有很强的审美眼光和需求，注重楼盘的外观造型设计、颜色和名字。其选择楼盘时，既会考虑质量，又会讲求外观，但比较起来，更加倾向于后者
3	谨慎思考型	这类购房者做事以及思考问题都很谨慎，而且往往具有一定的房产知识和购房经验。这类客户的主观性较强，他们善于观察，容易发现很多的细微特征，而且非常敏感

2. 购房者购买行为调查

对房地产消费者购买行为的调查分析，可以采用"5W1H"模式，具体内容见表3-5。

表3-5　房地产消费者购买行为模式分析

购买行为要素	具体说明	备注
谁来购买（Who）	分析谁是主要购买者，从房地产企业的角度来说，其开发的产品将要卖给哪类消费者，解决的是消费者定位的问题	如某高档住宅楼，购买对象主要是在该地区设立办事处或分公司的外地、有实力的大型企业

续表

购买行为要素	具体说明	备注
为什么要购买（Why）	消费者的购房动机问题	消费者的购买动机可以分为理性动机和带有感情色彩的动机
在什么时候购买（When）	分析消费者在何时购买或何时更愿意购买，有助于选择合适的时机将楼盘推向市场	如逢节假日、双休日，选购者会比平时多一些
在什么地方购买（Where）	为房地产企业制定销售渠道策略和促销策略提供参考依据	一般消费者倾向于到现场实地了解和查看楼盘
购买什么样的（What）	由于消费者所处的社会环境、经济条件的不同以及心理因素的作用，消费者所需购买的房地产也是多种多样的	如新婚夫妇可能会购买一室一厅的房子，三口之家可能会购买二室一厅的房子
如何购买（How）	影响到营销活动的状态与产品的设计	如消费者拥有足够的支付能力，可能会选择一次性付款；当支付能力不足时，可能会选择以按揭的方式付款

三、消费者购买动机调查

随着房地产市场的不断发展和成熟，产品的形态和定位已不再是由开发商来主导决策。消费者的购买动机和需求能否与市场的供应相协调，逐渐成了项目定位和决策的重要参考依据和基础。

1. 消费者购买动机的类型

消费者的购房动机主要有如图 3-3 所示的三类。

图 3-3　消费者购房动机的类型

（1）自住型购买动机。对于大多数普通百姓而言，买一套属于自己的房子是人生中一件相当重要的大事。此类消费者主要以城市人口为主，这类购房群体由于收入的差异，往往会有两种极端购房表现，具体如图3-4所示。

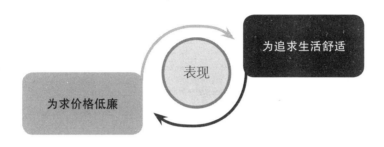

图3-4　自住型购买动机的两种极端购房表现

（2）过渡型购买动机。以"过渡"作为购房目的的主要是年轻人，包括为了结婚而购房。所谓"过渡"，即购房是为了解决阶段性的住房问题，而不是为了长久性的居住。

小知识

以"过渡"作为购房目的的消费者，价格通常是其最为重要的考虑因素。当然，由于年轻人生活丰富多彩，工作必不可少，交通是否便利也是其关注的另外一个重点。

（3）投资型购买动机。就心态而言，消费者都希望自己购买的房子能够升值，从而达到一定的投资目的。但随着全国各地严格实行现房销售制度以及限购等政策，"房子是用来住的，不是用来炒的"，已经在中央经济工作会议中多次被提出。

2. 消费者购买动机的调查方法

消费者购买动机调查就是根据各种购买动机所选择的人数，计算占样本总数的比例，根据计算结果分析该片区受访对象的购房动机。如表3-6所示的是一份购房者购买动机分析表。

表3-6 购房者购买动机分析表

购买动机	人数	所占比例	比例
首次置业满足基本居住需求			
二次置业改善居住条件			
投资保值和增值			
结婚			
度假			
办公			
本地拆迁			
为父母或子女购房			

四、消费者产品需求调查

消费者需求是人们为了满足个人或家庭生活的需要，购买产品、服务的欲望和要求。

1. 消费者产品需求特征

消费者对住房产品的需求分为基本改善型需求、中间型需求、品质追求型需求三种，具体内容见表3-7。

表3-7 消费者对住房产品需求特征

产品需求	具体说明	年龄层	收入情况	选择房型
基本改善型	比较关注价格因素，注重住房基本功能的实现	消费者平均年龄在30岁左右	个人收入和家庭年收入较低	主要选择经济适用房，只有少部分人选择普通商品房时，更愿意购买小面积的住房
中间型	追求住房档次与品质，但是在住房品质提高上又不愿多付钱，相对来说较为挑剔	年龄一般在30~40岁	拥有中等的个人年收入和家庭年收入	以经济适用房和普通商品房为主
品质追求型	注重产品的档次与品位，偏好环境高雅、设施高档、小区绿化环境好的社区，对于价格有较高的承受能力	年龄一般在40岁以上	拥有较高的个人年收入和家庭年收入	以普通商品房为主，兼顾别墅等其他类型

2. 购房者产品需求调查项目

对购房者产品需求调查的项目主要包括如图3-5所示的内容。

客户生活方式

户型总价需求

装修标准需求

购房者产品需求调查项目

生活配套要求

客户收入特征

建筑风格要求

图 3-5　购房者产品需求调查项目

【行业参考】▸▸▸

房地产开发消费者需求调查

您好！为了开发出满足消费者需求、有竞争力的房地产项目，我们正在进行一个关于××市消费者对房地产项目需求的调查，下面请您花宝贵的几分钟回答下面一些问题，非常感谢您的支持与合作！您所填写的所有内容不会对外公开，仅供我们研究使用，您所提供的信息对我们这次调查的结果很重要，非常感谢您的支持与合作！

1. 请问您的年龄？

☐ 23 岁以下　　☐ 23 ~ 25 岁　　☐ 26 ~ 29 岁　　☐ 30 ~ 35 岁

☐ 35 岁以上

2. 请问您的家庭月收入？（元）

☐ 3000 以下　　☐ 3001 ~ 5000　　☐ 5001 ~ 7000　　☐ 7001 ~ 9000

☐ 9001 以上

3. 您和老人一起住吗？

☐ 是　　　☐ 否

4. 如果在清华坊区域周边有中高档住宅项目推出，到时候您去现场看一看的可能性有多大？

☐ 肯定会去　　☐ 可能性很大　　☐ 不一定（不好说、到时候再说）

☐ 不太可能　　☐ 肯定不去

5.您现在居住的房型是？

□一室户型　　□二室户型　　□三室户型　　□四室及以上

6.如果购买新物业，您希望的户型是？

□一室一厅一卫　　□二室一厅一卫　　□二室二厅一卫

□三室一厅一卫　　□三室二厅二卫　　□四室及以上

7.如果购房，您实际需要多大的建筑面积（含赠送空间）？（平方米）

□60以下　　　□61～80　　　□81～100　　　□101～120

□121～140　　□141以上

8.如果购买新物业，您最倾向哪种类型？【单选题】

□小高层（带电梯）　　□多层（带电梯）　　□高层

□花园洋房　　　　　　□其他

9.您购房考虑的主要因素？请选出四项。【多选题】

□实用　　　　□方便　　　　□气派　　　　□舒适　　　□品牌

□安全性　　　□有增值潜力　□户型结构　　□个性化设计

□内部配套　　□学区　　　　□物业水平

10.您希望社区的配套有哪些？请选出四项。【多选题】

□运动场所　　□健身器材　　□诊所　　　　□幼儿园　　□超市

□休闲娱乐　　□农贸市场

11.您所能承受的房屋单价？（元/平方米）

□5001～6000　　　□6001～7000　　　□7001～8000

□8001～9000　　　□9001～10000　　□10000以上

12.如果您要购房，您喜欢的风格是？

□中式民族韵味　　□现代主义建筑　　□法国古典主义建筑

□欧式韵味　　　　□其他风格

13.您理想中的住宅应该拥有哪些品质？【多选题】

□原生态环境　　□建筑的独特性　　□景观的艺术性

□户型的合理性　□规划的合理性

14.您认为住宅项目在物业服务方面应该注重哪些要点？【多选题】

□建筑物、设备设施及物业共有部分的维护管理

□环境卫生保洁服务的水平　　□绿化园林景观的维护

□紧急事件的处理能力　　　　□社区活动的开展

☐细致贴心的个性服务的提供

15.在购房过程中，您是通过哪几种方式了解房地产信息？请选出三项：
【多选题】

☐报纸　　　☐电视　　　☐亲友介绍　　　☐现场广告牌　　　☐售楼书

☐房交会　　☐互联网　　☐开发商或代理商邮寄、发送的宣传品

☐现场展示样板房

第四章
市场状况调查

💡【章前概述】▶▶▶---

　　对城市房地产市场状况进行调查分析，可为房地产企业提供真实的市场背景资料，为投资决策提供参考依据。

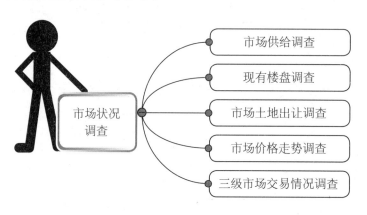

🔍【内容解读】▶▶▶---

一、市场供给调查

　　房地产供给是指生产者在某一特定时期内，在每一价格水平上愿意而且能够租售的房地产商品量。在生产者的供给中既包括新生产的房地产商品（俗称增量房），也包括过去生产的存货（俗称存房量）。房地产企业可以从如图4-1所示的两个方面进行市场供给分析。

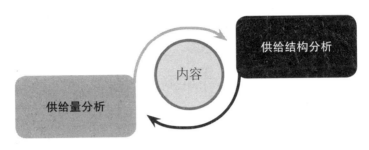

图 4-1 市场供给分析的内容

1. 供给量分析

供给量分析分为现有供给量分析和潜在供给量分析。现有供给量分析可以根据在售物业数据统计。随着行业信息公开化、透明化进程的发展，市场现有供给量信息的获取越来越容易。潜在供给量分析可以根据政府部门审批开发项目过程形成的各种数据进行统计，即以房地产开发程序为基础的分析方法。如图 4-2 所示。

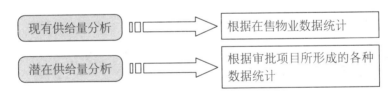

图 4-2 供给量分析

2. 供给结构分析

调研人员对区域市场供给结构进行分析时，一般按照区块和物业类型两方面进行。

（1）区块分析中一般根据实际情况划分行政区块、板块区块、别墅集中区、传统商业区、写字楼分布密集区、工业园区、新开发区、高教区等。

（2）物业分析可以按照用途划分为居住物业、商业物业等。其中居住物业分为普通住宅、高档公寓、别墅等，商业物业分为写字楼、百货、商场等，普通住宅又分为高层、小高层等，别墅分为独栋、联排、叠加等。如图 4-3 所示。

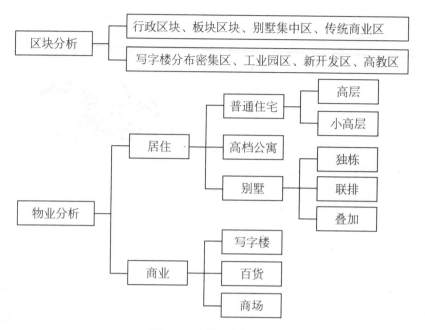

图 4-3　供给结构分析

【行业参考】▸▸▸

××市物业类型调查分析

1.物业类型

从物业类型的市场情况来看，××市从普通住宅、公寓、别墅、假日酒店各种物业类型均有涉及。

（1）××区物业类型

××区域普通住宅所占比例较大，超过60%，如加上××区域内各行政村自建的众多小产权房在内，这个比例还会有所增加，对CBD（Central Business District，指一个国家或城市里主要商务活动进行的地区）区域人员有较大的吸引作用。

（2）××区物业类型

据市场调研，××目前的在售物业，以普通住宅为主，占取样物业的49%，占住宅物业的78%，××的别墅占比较大。

2.物业分布

在对××地区物业分布的调研中，住宅分布大多向交通干道集中，新的现象是向新区发展。××地区，东部××区域的发展以休闲宜居为主，以

××路为引导线，从××高速出口向北延伸。

××则沿城铁沿线向东南及××南部发展，向东则过××大桥在运河东岸的南北方向呈向心状建设。

3.物业价格

略。

二、现有楼盘调查

房地产企业市场调研人员应对所在城市的现有楼盘进行调查分析，其调查项目如图4-4所示。

图 4-4　现有楼盘的分析项目

1. 现有楼盘户型图形分析

房地产企业市场调研人员应对现有楼盘户型图形进行分析，说明现有楼盘户型比例。如图4-5所示的是××楼盘商品房户型分析图。

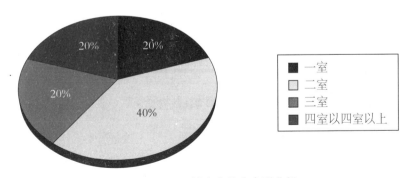

图 4-5　××楼盘商品房户型分析

2.现有楼盘促销情况分析

房地产企业市场调研人员应对在售楼盘促销情况进行分析。调研人员可采用如表4-1所示表格对在售楼盘促销情况进行分析。

表4-1　在售楼盘降价促销情况分析表

日期：

楼盘名称	区域	本期按揭均价（元/m²）	上期按揭均价（元/m²）	差价（元/m²）	优惠幅度（%）	变化说明	备注

三、市场土地出让调查

市场土地出让调查的项目如图4-6所示。

图4-6　市场土地出让分析的项目

其中，土地出让方式是以上项目的分析重点。土地使用权的出让方式是指国有土地的代表（地方人民政府）将国有土地使用权出让给土地使用者时所采取的方式或程序，它表明以什么形式取得土地使用权。《中华人民共和国城市房地产管理法》规定"土地使用权出让，可以采取拍卖、招标或者双方协议的方式"。因此，我国土地使用权出让的方式有三种：拍卖、招标和协议，具体内容见表4-2。

表4-2 土地使用权出让方式

方式名称	具体说明	适用范围
拍卖出让	这是指在指定时间、地点，利用公开场合，由政府代表主持拍卖土地使用权，对土地公开叫价竞报，按"价高者得"的原则确定土体使用权受让人的一种方式	主要适用于投资环境好、盈利大、竞争性强的商业、金融业、旅游业和娱乐业用地，特别是大中城市的黄金地段
招标出让	这是指在规定期限内由符合受让条件的单位或个人（受让方）根据出让方提出的条件，以密封书面投标的形式竞报某地块的使用权，由招标小组经过开标、评标，最后择优确定中标者的方式	主要适用于一些大型或关键性的发展计划与投资项目
协议出让	土地使用权的有意受让人直接向国有土地的代表提出有偿使用土地的愿望，由国有土地的代表与有意受让人进行谈判和磋商，协商出让土地使用的有关事宜	主要适用于工业项目、市政公益项目、非营利项目以及政府为调整经济结构、实施产业政策而需要给予扶持、优惠的项目

【行业参考】▸▸▸

2019年××市土地市场分析报告

2019年，××全市共成功出让土地348宗，总出让面积1050.1万平方米，同比增长22.8%；总成交金额2747.6亿元，同比增长12.2%，成交金额为历史以来最高水平。从全年成交看，"双限"政策成为2019年××土地市场的重要转折点，上半年土地市场"高价地"频现，共有20宗地块封顶成交且需自持；下半年"双限"政策以来，土地市场降温明显，平均楼面价和溢价率整体均有所回落，土地市场已经回归理性。

1.全市土地供应量同比增长，成交金额再创历史新高

2019年，××全市共成功出让土地348宗，总出让面积1050.1万平方米，同比增长22.8%；总成交金额2747.6亿元，同比增长12.2%。其中涉宅用地共成交141宗，出让面积712.3万平方米，成交金额2315.4亿元，占总成交金额的84.3%。

从全国层面对比来看，2019年××全市2747.6亿的成交金额位列全国各大城市首位，超出第二名的上海约900亿元。已经连续两年位居全国首位。

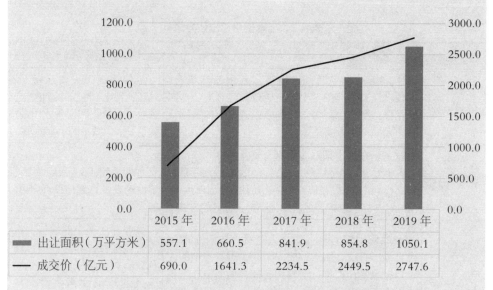

	2015年	2016年	2017年	2018年	2019年
出让面积（万平方米）	557.1	660.5	841.9	854.8	1050.1
成交价（亿元）	690.0	1641.3	2234.5	2449.5	2747.6

2015～2019年××全市土地成交面积和金额走势

2.××区可建面积和成交金额占比最高，成交金额超过4成

××区全年共成交83宗土地，总建筑面积672.5万平方米，成交金额1156.2亿元，占总成交金额的42.1%。

××区共成交土地44宗，总建筑面积467.4万平方米，成交金额626.6亿元，占总成交金额的22.8%。

××区成交土地63宗，总建筑面积469.0万平方米，成交金额431.3亿元，占总成交金额的15.7%。

××区共成交31宗土地，总建筑面积266.2万平方米，成交金额214.6亿元，占总成交金额的7.8%。

××区、××新区、××市和××县合计成交土地127宗，合计可建面积547.4万平方米，合计成交金额319.0亿元，占总成交金额的11.6%。

3.上半年高价地频现，下半年土地市场逐步回归理性

2019年上半年的土地市场成交较为火热，共有20宗涉宅地块仍是封顶且伴有自持比例成交，其中3月的涉宅地块平均溢价率达36.2%。下半年受"双限"新政影响，仅有4宗涉宅地块有自持比例，平均溢价率已经大幅降低，其中有不少地块直接以底价成交，其中8月和11月的平均溢价率仅0.5%和4.6%，土地市场逐步回归理性。

4.涉宅地块成交金额占比超8成

从地块性质来看，2019年××全市成交的地块中，涉宅地141宗，可建面积1636.1万平方米，占总可建面积的67.5%，成交金额2315.4亿元，占总成交金额的84.3%；商用地153宗，可建面积653.5万平方米，占总可建面积的27.0%，成交金额372.0亿元，占总成交金额的13.5%；其他用地（包含停车场、加油站）34宗，成交金额33.7亿元，仅占总成交金额的1.2%。此外，2019年共出让人才租赁用地20宗，总建筑面积为94.3万平方米，按照60平方米/间估算，未来可以提供约15700间人才租赁用房。

2019年××全市各类型土地成交情况表

用途	成交宗数	出让面积（万平方米）	可建面积（万平方米）	成交额（亿元）
涉宅地	141	712.3	1636.1	2315.4
商用地	153	260.3	653.5	372.0
人才租赁用地	20	44.8	94.3	26.5
其他用途	34	32.8	38.5	33.7
合计	348	1050.2	2422.4	2747.6

××综合体地块创造××土地总价之最，总价50亿以上地块共成交5宗。2019年成交的地块在50亿元以上的均为涉宅地块，其中×××的三堡综合体地块以总价132.6亿元刷新了××土地总价的记录。

2019年共有11家外来房企首次进入××，较2018年的9家房企有所增加，分别是××××、××、××、××、××、××、××、××、××、××、××、××、××××、××××、×××××××。港资房企重仓××，表明了××市场逐渐受到港企的关注。

四、市场价格走势调查

1. 房地产价格组成

我国房地产价格主要由以下几部分构成。

（1）土地费用，包括土地取得费用和土地开发费用。

（2）建安成本，包括前期工程费、基础设施建设费、建筑安装工程费、公共配套设施费等。

（3）相关税费。

2. 影响房地产价格走势的因素

影响房地产价格走势的因素如图4-7所示。

宏观经济走势 → 房地产市场与宏观经济密切相关，一旦宏观经济增速下滑，房地产市场将会迅速做出反应

地方政府的态度 → 房地产市场与地方经济密切相关，不排除个别地方政府出于地方利益保护而出台影响价格措施的情况

宏观调控政策 → 国家对于房地产市场的宏观调控措施不断，如最新的"国五条"

心理预期的变化 → 心理预期是人们对市场走势的综合判断，在其他条件不变的情况下，心理预期对市场价格走势起到了推波助澜的作用

图4-7 影响房地产价格走势的因素

【行业参考】▸▸

房地产价格统计调查方案

一、调查目的

为以翔实的数据资料反映房地产市场价格的变化趋势，服务于公司领导决策层，服务于财务部门核算，服务于企业全体员工的信息需求，引导和促进本公司持续、健康发展，特制定本方案。

二、调查任务

（1）调查和搜集房地产市场中各种价格，及时、准确地掌握各种价格资料。

（2）编制房屋销售、房屋租赁、物业管理和土地交易等价格指数，科学地计算各种房地产价格，准确反映房地产价格变动的幅度和市场发展趋势。

（3）结合房地产的投资规模、投资效益和市场变化情况等主要指标，积极开展统计分析，及时客观地反映新情况、新问题并提出合理的政策建议。

（4）定期向本公司领导公布各种房地产价格的统计信息。

三、调查范围

本市辖区及周边各郊区。

四、调查内容

本次调查的内容主要包括房屋销售价格、房屋租赁价格、物业管理价格及土地交易价格等。

（1）房屋销售价格。房屋销售价格主要包括新建房地产销售价格、运营中的房地产销售价格两部分。

（2）房屋租赁价格。房屋租赁价格是指房地产的市场租金。

（3）物业管理价格。物业管理价格是指物业管理企业按照物业服务合同的约定，对房屋及配套的设施和相关场地进行维修、养护、管理，维护相关区域的环境卫生和秩序，向业主所收取的费用。

（4）土地交易价格。土地交易价格是指房地产开发商或其他建设单位在开发之前，为取得土地使用权而实际支付的价格，不包括土地的后续开发费用、税费、各种手续费和拆迁费等。土地交易价格主要包括居住用地价格、工业用地价格、商业营业用地价格和其他用地价格等，土地交易方式主要包括拍卖、招标、挂牌销售、市场转让、市场抵押等。

五、调查对象

（1）各级政府房地产行政主管部门，如房地产管理局、国土局、房屋土地交易中心等。

（2）房地产企业。

（3）房地产经营机构。

（4）物业管理企业。

（5）有关企事业单位、机关团体及部分居民。

六、调查方法

房地产价格调查为非全面调查，采用重点调查与典型调查相结合的方法。调查方式采用报表与调查员实地采价相结合的方式。

为保证房地产价格指数的科学性和可靠性，在选择被调查单位时应遵循下表所示的原则。

选择被调查单位应遵循的四大原则

序号	类别	具体内容
1	被调查单位代表性强	（1）选择的被调查单位要规模大、实力强，营业额占当地总营业额比重较大，经营状况比较稳定 （2）选择被调查单位时，要统筹考虑项目因素。一般来说，大的房地产经营服务项目具有较强的代表性
2	兼顾企业注册登记类型	调查对象不仅要选择国有企业，也要选择集体、合资、外资等企业
3	兼顾各种用途的房地产项目	对写字楼、购物中心、专业市场、度假中心等各种类型的房地产项目，都要调查
4	兼顾不同地理位置的房地产项目	由于存在着级差地租，不同地理位置的房地产单位面积价格差异较大。所以在选择被调查单位时，要兼顾不同地理位置（地段）的房地产项目

所选被调查单位的房地产营业额总值一般应占本地区总额的75%以上。

七、调查资料的采集及上报

（1）**房屋销售价格实行月报**。月报的内容包括房地产项目的类型、上月实际销售（出租）总面积和总金额。填写报表时需要填报样本房屋的详细地址（包括门牌号码），以便对采集价格的可比性、准确度进行核实和评估。

（2）**房屋租赁、物业管理和土地交易价格数据采集**。季报的内容包括房屋租赁、物业管理和土地交易价格方面的信息。每月要调查一次各种价格及数量、金额等。季度数量、金额是该季度每个月（共三个月）的实际交易总数量、总金额分别相加求得，季度价格则由该季三次调查样本价格的算术平均求得。

（3）**数据采集过程中的注意事项**。房地产交易往往是一次性交易。因此在进行房地产价格调查时，要综合考虑房地产的类型、区域、地段、结构等统计口径的一致性，以保证商期、报告期价格的同质可比性。

（4）**资料的上报时间和上报方式**。在搜集汇总调查资料后，通过房屋销售的价格月报，将汇总结果和原始资料一同于月后3日前（房屋租赁、物业管理和土地交易价格季报于季后月3日前）以公司规定的方式上交总部。

五、三级市场交易情况调查

三级市场是指购买房地产的单位和个人再次将房地产转让或租赁的市场，也就是房地产再次进入流通领域进行交易而形成的市场，包括房屋的交换。如表4-3所示的是××市三级市场交易情况分析表。

表4-3　　××市三级市场交易情况分析表

交易方式	分析项目	分析内容与结果
出售部分	全市二手房市场出售情况	
	各区二手房挂牌价格分析	
	月份各户型挂牌频次分析	
	＿＿＿月份发布住宅出售信息最多的前10名中介分析	
出租部分	全市二手房市场出租情况	
	各区二手房市场出租价格分析	
	＿＿＿月份二手房住宅租赁市场挂牌户型分析	
	＿＿＿月份二手房住宅租赁价格段挂牌频次分析	

第五章
营销环境调查

💡【章前概述】▸▸▸ -

　　市场营销组合因素是指企业内部可控制的各种市场营销手段，包括产品、价格、营销渠道和促销。这些因素及其变化直接影响企业的营销活动，因此必须对这些因素分别进行调查研究。

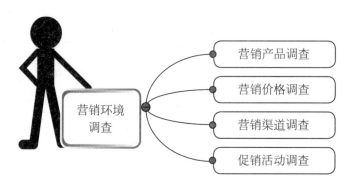

🔍【内容解读】▸▸▸ -

一、营销产品调查

　　对营销产品的调查主要包括产品实体调查、品牌形象调查、产品生命周期阶段调查。

1.产品实体调查

　　对产品实体调查包括表5-1所示的内容。

表 5-1 产品实体调查的内容

序号	调查内容	具体说明
1	产品功能调查	产品的功能包括产品的实用性功能和心理性功能。实用性功能是指产品的各种基本的和附加的实际效用。心理性功能是指能使消费者产生联想、想象、推理的产品特色。消费者需要的产品不仅要具备实用性功能，也要具备心理性功能，企业需要从这两个方面进行调查。另外，不同的消费者对产品功能的需求是不相同的，房地产企业也需要进行调查
2	产品质量调查	产品质量包括产品的安全性、可靠性、耐用性、生产使用和维修的经济性、产品使用和维修的方便性等内容。不同的消费者对同一产品的质量内容重视程度不同，企业需要调查消费者最重视的产品质量内容是什么。另外，不同的消费者对产品质量的评价和期望标准不同，企业需要调查各项产品质量内容应该达到什么标准
3	产品款式调查	产品款式包括产品的结构、规格、形状、色彩、图案、口味等特征。不同的消费者对同一种产品的款式偏好不一样，对房地产企业来说，应调查消费者对产品户型、结构、外观、内饰、造型等方面的需求
4	产品原材料调查	不同层次、不同区域、不同时期、不同年龄、不同性别的消费者对原材料的需求会有差异。企业要调查消费者对产品原材料的要求和评价

2. 品牌形象调查

用以度量品牌形象力的指标主要有如图5-1所示的几个指标，这些指标是品牌形象调查的内容。

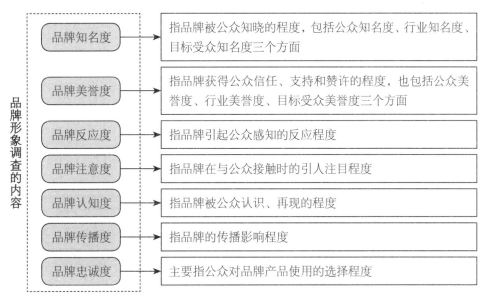

图 5-1 品牌形象调查的内容

3. 产品生命周期阶段调查

产品生命周期，是指产品从进入市场开始直到最终退出市场为止所经历的过程，典型的产品生命周期一般可分为如图5-2所示的四个阶段。

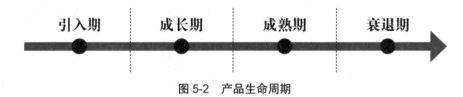

图 5-2　产品生命周期

产品生命周期的四个阶段呈现出不同的市场特征，企业应该以各阶段的特征为依据来制定和实施营销策略。企业要制定和实施有针对性的营销策略，必须知道产品处在生命周期的哪一阶段。

> **小知识**
>
> 　　产品生命周期阶段调查，可以从产品的销售量、销售增长率、产品普及率、消费者购买意向、市场竞争产品、可替代产品的开发和销售情况等方面进行。

二、营销价格调查

产品营销价格调查包括产品的需求价格弹性调查、消费者价值感受调查、竞争产品的价格调查、产品成本调查。

1. 产品的需求价格弹性调查

产品的需求价格弹性是指市场需求量对于产品价格变动的反应程度。影响产品需求价格弹性的因素如图5-3所示。

1 产品需求的性质和强度

2 产品本身的质量、特色、知名度

3 竞争产品和替代品的多少和效用的强弱、商品用途的多寡、商品供求状况

图 5-3　影响产品需求价格弹性的因素

2. 消费者价值感受调查

企业采用需求导向定价法为自己的产品定价或调价，需要调查消费者的价值感受。消费者价值感受就是目标消费者对本企业产品价值在心理上的感受和认同程度，包括可以接受的价格水平、对现有价格的接受程度等。

3. 竞争产品的价格调查

企业采用竞争导向定价法为自己的产品定价或调价，需要调查竞争产品的价格。调查内容如图5-4所示。

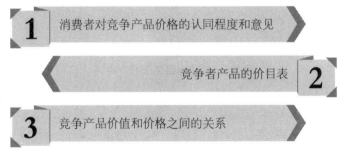

1 消费者对竞争产品价格的认同程度和意见

2 竞争者产品的价目表

3 竞争产品价值和价格之间的关系

图5-4　竞争产品的价格调查内容

4. 产品成本调查

产品成本是盈亏的临界点，也是企业定价的最低界限，企业为自己的产品定价，都要调查产品的成本。产品的成本包括生产成本、销售成本、财务成本、管理成本四部分。生产成本和销售成本应该重点调查。生产成本包括固定成本、变动成本、边际成本、规模成本等项目；销售成本包括储运成本、流通成本、促销成本等项目。

三、营销渠道调查

营销渠道调查主要包括营销渠道类型调查、中间商调查、营销渠道管理调查等内容。

1. 营销渠道类型调查

按照有无中间环节，营销渠道分为直接渠道与间接渠道；按照经过中间环节的多少，营销渠道分为长渠道与短渠道；按照每个环节中使用同类型中间商数目的多少，营销渠道分为宽渠道和窄渠道。企业采用一种或几种营销渠道类型，都需要通过调查才能做出决策。

营销渠道类型调查内容如图5-5所示。

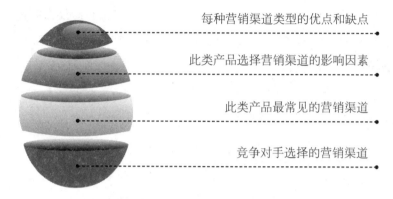

图 5-5　营销渠道类型调查内容

2. 中间商调查

一条营销渠道成员包括生产者、中间商和消费者。中间商包括批发商和零售商，批发商主要包括商人（独立）批发商、分销代理商等。

对于房地产企业来说，如果选择分销代理商，应调查的内容如图5-6所示。

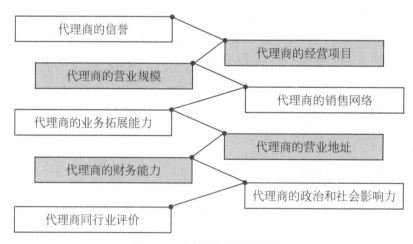

图 5-6　对中间商的调查内容

3. 营销渠道管理调查

营销渠道管理包括激励中间商、评估中间商和调整营销渠道等内容。其中，激励中间商是营销渠道管理最重要的内容。企业必须调查了解中间商的需求，才能有的放矢地实施激励措施，达到良好的激励效果，使其产生最佳工作业绩。

小知识

　　中间商的需求有经济的需求、安全的需求和权力的需求。企业要明确这三种需求的含义，调查中间商的需求类型和需求内容。

四、促销活动调查

　　促销活动调查主要包括各种促销活动的效果，如广告实施的效果、人员推销的效果、营业推广的效果和对外宣传的市场反应等。

1. 商业广告调查

　　企业制定和调整广告传播信息时，需要调查目标消费者的情况、本企业产品的独到之处和竞争产品的广告诉求信息、目标消费者对本企业广告所传播的信息的认同和理解等内容。

　　企业选择广告媒体时，需要从实际需要出发，结合产品特点、所要传播信息的特点，有重点地了解某些具体媒体的影响力、覆盖面、信誉度、经济性和目标消费者的接触率等内容。

2. 营业推广调查

　　营业推广是指企业运用各种短期的促销工具，刺激消费者或中间商迅速或大量购买某一特定产品的促销手段。

　　目前，房地产企业针对消费者的促销工具主要有直接降价、打折优惠、返现金、特价房、送装修、送面积、送家私家电、送物业管理费等。

　　房地产企业在决定采用某种营销工具时，需要调查目标对象的消费心理和购买行为特点、各种营销工具的利弊、实施具体方式应该注意的问题。

小知识

　　营业推广活动结束后，房地产企业还要调查营销推广效果，包括促销活动开展前后销售量变化的幅度、获利的大小、消费者对本次活动的响应程度和评价等内容。

3. 公关调查

公共关系是指企业为在社会公众中树立良好形象、扩大声誉，而开展的一系列公共关系活动。可供企业采用的公共关系活动方式有如图5-7所示的五种。

图 5-7　公共关系活动的方式

企业要正确选择一种公关活动方式，必须通过调查收集大量信息。需要收集的信息包括：政府决策信息、新闻媒介信息、立法信息、产品形象信息、竞争对手信息、消费者信息、市场信息、企业形象信息、销售渠道信息等。

公关活动方式确定后，房地产企业还要调查公关对象的需求、竞争对手已经采用过的公关活动及效果。只有这样才能准确地确定具体的公关活动，并成功地开展公关活动。

4. 人员推销调查

人员推销是指推销人员与顾客面对面接触，运用推销手段和技巧，将商品或劳务信息传递给顾客并说服其购买的销售行为和过程。人员推销调查包括如图5-8所示的内容。

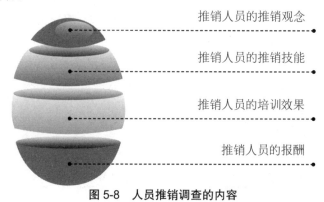

推销人员的推销观念

推销人员的推销技能

推销人员的培训效果

推销人员的报酬

图 5-8　人员推销调查的内容

　　传递信息、销售产品、提供服务和信息反馈是推销的四个功能。企业应该采用一些措施，帮助、激励推销人员完成推销功能。要采用有效的措施，必须通过调查收集一些信息作为依据。

相关链接

市场营销环境的特点

　　企业并不是生存在一个真空内，作为社会经济组织或社会细胞，它总是在一定的外界环境条件下开展市场营销活动。而这些外界环境条件是不断变化的，一方面，它既给企业造成了新的市场机会；另一方面，它又给企业带来某种威胁。因此，市场营销环境对企业的生存和发展具有重要意义。企业必须重视对市场营销环境的分析和研究，并根据市场营销环境的变化制定有效的市场营销战略，扬长避短，趋利避害，适应变化，抓住机会，从而实现自己的市场营销目标。

　　那什么是市场营销环境？按照美国著名市场学家菲力普·科特勒的解释是：影响企业的市场和营销活动的不可控制的参与者和影响力。具体地说就是："影响企业的市场营销管理能力，使其能否卓有成效地发展和维持与其目标顾客交易及关系的外在参与者和影响力。"因此，市场营销环境是指与企业营销活动有潜在关系的所有外部力量和相关因素的集合，它是影响企业生存和发展的各种外部条件。

　　企业市场营销环境的内容既广泛又复杂。不同的因素对营销活动各个方面的影响和制约也不尽相同，同样的环境因素对不同的企业所产生的影响和形成的制约也会大小不一。一般来说，市场营销环境主要包括两方面的构成要素，一是微观环境要素，即指与企业紧密相连，直接影响其营销能力的各种参与者，这些参与者包括企业的供应商、营销中间商、顾客、竞争者以及社会公众和影响营销管理决策的企业内部各个部门；二是宏观环境要素，即影响企业微观环境的巨大社会力量，包括人口、经济、政治、法律、科学技术、社会文化及自然地理等多方面的因素。微观环境直接影响和制约企业的市场营销活动，而宏观环境主要以微观营销环境为媒介间接影响和制约企业的市场营销活动。前者可称为直接营销环境，后者可称为间接营销环境。

市场营销环境是一个多因素、多层次而且不断变化的综合体。其特点主要表现在以下几个方面：

1. 客观性

企业总是在特定的社会经济和其他外界环境条件下生存、发展的。不管你承认不承认，企业只要从事市场营销活动，就不可能不面对着这样或那样的环境条件，也不可能不受到各种各样环境因素的影响和制约，包括微观的、宏观的。因此，企业决策者必须清醒地认识到这一点，要及早做好充分的思想准备，随时应付企业面临的各种环境的挑战。

2. 差异性

市场营销环境的差异性不仅表现在不同的企业受不同环境的影响，而且同样一种环境因素的变化对不同企业的影响也不相同。例如，不同的国家、民族、地区之间在人口、经济、社会文化、政治、法律、自然地理等各方面存在着广泛的差异性。这些差异性对企业营销活动的影响显然是很不相同的。由于外界环境因素的差异性，因而企业必须采取不同的营销策略才能应付和适应这种情况。

3. 相关性

市场营销环境是一个系统，在这个系统中，各个影响因素是相互依存、相互作用和相互制约的。这是由于社会经济现象的出现，往往不是由某一单一的因素所能决定的，而是受到一系列相关因素影响的结果。例如，企业开发新产品时，不仅受到经济因素的影响和制约，更要受到社会文化因素的影响和制约。再如，价格不但受市场供求关系的影响，而且还受到科技进步及财政政策的影响。因此，要充分注意各种因素之间的相互作用。

4. 动态性

营销环境是企业营销活动的基础和条件，这并不意味着营销环境是一成不变的、静止的。恰恰相反，营销环境总是处在一个不断变化的过程中，它是一个动态的概念。以中国所处的间接营销环境来说，今天的环境与十多年前的环境已经有了很大的变化。例如国家产业政策，过去重点放在重工业上，现在已明显向农业、轻工业倾斜，这种产业结构的变化给企业的营销活动带来了决定性的影响。再如我国消费者的消费倾向已从追求物质的数量化为主流正在向追求物质的质量及个性化转变，也就是说，消费者的消费心理正趋于成熟。这无疑对企业的营销行为产生最直接的影响。当然，市场营销环境的变化是有快慢大小之分的，有的变化快一些，有的则变化慢一些；有的变化大一些，有的则变化小一些。例如科技、经济等因素的变化相对快而大，因而对企业营销活动的影响相对短且跳跃性大；而人口、社会文化、自然因素等相对变化较慢较小，对企业营销活动的影响相对长而稳定。因此，企业的营销活动必须适应环境的变化，不断地调整和修正自己的营销策略，否则，将会使其丧失市场机会。

5.不可控性

影响市场营销环境的因素是多方面的，也是复杂的，并表现出企业不可控性。例如一个国家的政治法律制度、人口增长以及一些社会文化习俗等，企业不可能随意改变。而且，这种不可控性对不同企业表现不一，有的因素对某些企业来说是可控的，而对另一些企业则可能是不可控的；有些因素在今天是可控的，而到了明天则可能变为不可控因素。另外，各个环境因素之间也经常存在着矛盾关系。例如消费者对家用电器的兴趣与热情就可能与客观存在的电力供应的紧张状态相矛盾，那么这种情况就使企业不得不作进一步的权衡，在利用可以利用的资源前提下去开发新产品，而且企业的行为还必须与政府及各管理部门的要求相符合。

第六章
竞争对手调查

💡【章前概述】▶▶ --

　　市场竞争情况调查主要包括对竞争企业的调查和分析，了解同类企业的产品、价格等方面的情况，他们采取了什么竞争手段和策略，做到知己知彼，通过调查帮助企业确定竞争策略。

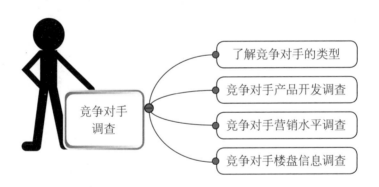

🔍【内容解读】▶▶ --

一、了解竞争对手的类型

房地产企业竞争对手主要分为四类，具体如表6-1所示。

表 6-1　房地产竞争对手类型

类型	衡量标准	实例
愿望竞争者	提供不同房地产产品以满足消费者不同需求的竞争者	商业用房、工业用房、娱乐用房、住宅用房的开发商之间就是愿望竞争者
一般竞争者	满足消费者同一种需求的不同房地产竞争者	普通住宅、高级公寓与别墅的开发商之间就是一般竞争者
产品形式竞争者	开发同一种房地产、户型、设计风格和面积有所不同的竞争者	同时开发普通住宅，但其在开发面积、设计风格及配套设施等方面有所区别
品牌竞争者	开发同一种房地产、户型、设计风格、面积及配套设施也相同的竞争者	这类竞争的结果与品牌的知名度关系较大

二、竞争对手产品开发调查

1.调查内容

竞争对手产品开发调查的主要内容（包括但不限于）如图6-1所示。

1 是否在系统地开发新项目

2 新项目的开发活动是如何组织的

3 要推出的新项目是没有关联的产品，还是同属一个物业形态的系列楼盘

4 在产品设计方面有何优劣势

5 在楼盘包装方面有何优劣势

6 楼盘质量是否稳定地保持在某一水平上

图 6-1　竞争对手产品开发调查的主要内容

2. 调查方法

为了更好地调查竞争对手的产品，房地产企业可以运用如表6-2、表6-3所示的相关表单予以调查。

表6-2　可比性楼盘调查表——住宅（一）

编号：　　　　　　　　　　调查时间：　　　　　　　　　　调查员：

物业名称		地址				
发展商		占地面积				
规划设计单位		总建筑面积				
景观设计单位		容积率				
建筑承建商		绿化率				
物业管理单位		实用率				
动工日期		总栋数				
预售日期		层数				
		对应栋数				
竣工日期		总户数				
入伙日期		车位数				
物业类别	普通住宅□　别墅豪宅□					
户型类别	小户型□　中户型□　大户型□					
投资类别	居住型□　投资型□　其他□					
销售方式	纯内销□　纯外销□　内外销均有□					

续表

户型	结构					
	卧室					
	客厅					
	餐厅					
	厨房					
	卫生间					
户型套数						
占总户数比例						
建筑面积						
客厅面积						
餐厅面积						
主卧室						
次卧室						
书房						
公共洗手间						
主卧洗手间						
厨房						
生活阳台						
观景阳台						

表 6-3 可比性楼盘调查表——住宅（二）

编号：　　　　　　　　　　调查时间：　　　　　　　　　　调查员：

价格（元/m²）＼户型						
平均价						
最高价						
最低价/起价						
销售状况	当前销售率					
	旺销户型					
车位租售	售价（元/个）					
	租金（元/m²）					
付款方式	□一次性付款　□银行按揭　□建筑分期　□其他					
	按揭银行		按揭年限			
	按揭利率		按揭成数			
	首期金额		订金金额			
营销策略	目标客户定位					
	客户比例					
	广告媒体组合					
	广告诉求重点					
	内部认购期优惠					
	预售期优惠手段					
	公关活动及内容					
畅销（滞销）原因分析	项目优势					
	项目劣势					
	其他方面					
现场包装						

续表

规划设计特点	组团布局				
	交通组织				
	景观设计				
建筑设计特点	外形特点	建筑材料			
		墙壁颜色		窗户颜色	
		整体造型			
		其他			
	室内装修	户内			
		大堂			
		样板房			
公建配套设施	会所	设施			
		服务			
	智能化设施				
	停车库特点				
	其他公建	设施			
		服务			
物业管理	模式				
	保安				
	服务				
	费用				
开发线路及周期					

三、竞争对手营销水平调查

对竞争对手营销水平调查的内容如图6-2所示。

图 6-2　竞争对手营销水平调查的内容

1. 广告活动

对竞争对手的广告活动调查，主要包括以下内容。

（1）竞争对手在哪些媒体上做广告宣传楼盘。

（2）广告活动是否定期推出、推出版面为多少。

（3）广告的具体内容是什么。

（4）广告播出的时间及长度。

（5）广告的覆盖面，播出成本，所采用的广告媒体组合的作用，是否用广告曲刺激、引导消费群体。

（6）所采取的公关措施。

（7）采取广告措施的实际效果。

2. 销售策略

对竞争对手的销售策略调查，主要包括以下内容。

（1）对楼盘产品分销的重视和依赖程度。

（2）市场份额的比例。

（3）主要采取的销售渠道。

（4）分销成本。

（5）所选销售渠道的形象状况。

（6）分销目标和销售策略概述。

3.现场销售

对竞争对手的现场销售调查，主要包括促销活动、现场气氛营造措施、楼盘付款方式等方面的内容。

【行业参考】▸▸

竞争对手营销水平调研表

调研项目 ＼ 楼盘（项目）名称						
媒体选择	××日报广告量					
	××晚报广告量					
	电视广告量					
	电台广告量					
	网络广告量					
	其他媒体广告量					
一周广告量	星期一	媒体				
		版面／时点				
		广告主题				
		费用				
	星期二	媒体				
		版面／时点				
		广告主题				
		费用				
	……	……				
	星期日	媒体				
		版面／时点				
		广告主题				
		费用				

续表

调研项目	楼盘（项目）名称				
销售价格（元/m²）	3000～5000（含）				
	5000～6000（含）				
	6000～7000（含）				
	7000～8000（含）				
	8000～10000（含）				
	10000～12000（含）				
	120000以上				
价格变动	第一次记录时				
	第二次记录时				
	增长/下降幅度/%				
	第三次记录时				
	增长/下降幅度/%				
	说明				
促销活动	促销主题				
	促销时间				
	促销效果				
优惠措施	折上折				
	送物业管理费				
	现场送礼品				
	现场抽奖				
	现场拍卖				
	其他				

四、竞争对手楼盘信息调查

调研人员需对竞争对手的楼盘信息进行调查，调查内容如图6-3所示。

综合实力	☞	资源状况、经营管理水平、开发新项目的动向、创新能力、物业管理水平、营销水平
项目概况	☞	项目地理位置、项目类别、项目开发规模
楼盘概况	☞	楼盘的品质、楼盘的成本、楼盘的价格、销售状况

图6-3　竞争对手楼盘信息调查的内容

【行业参考】▸▸

××项目竞争对手楼盘分析报告

本次市场调查，主要针对目前××市在售楼盘进行的全面调查。通过对这些楼盘的分析研究，为本案的产品定位、价格定位等方面提供相应的参考依据。

第一部分　竞争楼盘总体分析

一、调查说明

（一）调查区域

本次竞争楼盘的调查，主要选取"项目周边及××市区在售楼盘"进行调查。在调查过程中，样本项目的采样主要以住宅为主，涵盖多层住宅、高层住宅和别墅等。

（二）调查对象及数量

本次调查，共调查竞争楼盘11个，其中多层住宅项目6个，高层住宅项目5个。

（三）调查时间

5月12日～5月18日。

二、综合分析

本次主要针对"项目周边及××市区在售楼盘"进行了全面调查，目前××市在售楼盘11个，总开发面积近70万平方米，总套数在7000套左右，现已销售近65%。

1.住宅

本次调查的住宅项目户型主要以三房两厅两卫为主，销售价格为1500～4200元/m²。产品包括多层住宅、高层住宅和别墅。从销售情况看：多层住宅销售较好，但价格相对较低，3500～4700元/m²；小高层、高层住宅及别墅销售一般，价格相对较高5700～8000元/m²。所调查楼盘中××、××、××等楼盘销售情况较好。

2.商业

本次调查的商业主要以社区商业为主，商铺的面积普遍都在100m²以上，销售价格为6000～12000元/m²。从销售情况看，位于交通要道及商圈附近的商铺销售情况较好。

三、借鉴分析

本次调查的一个重要内容就是了解目前市场上住宅产品在建筑设计、营销推广方面值得借鉴之处，同时了解应该避免的一些失误。

（一）借鉴方面

1.建筑设计方面

（1）××楼盘。"一环二弧二轴"整体规划，使分期开发的各组团既开放又相对独立，有机结合。同时在景观规划及环境建设方面，××楼盘运用水系、假山、庭院绿化等将建筑与环境巧妙融合，赢得客户一致称赞。

（2）××楼盘。目前市场上唯一一家多层建筑采用框架结构的住宅项目，××楼盘通过中央景观湖的营造，主打"水景楼盘"概念，获得了市场好评。

2.营销推广方面

（1）××楼盘。率先在××市运用"体验营销"，让客户通过体验样板房、样板环境，直接刺激购房者的购买欲望，取得了较好的市场反响。

（2）××楼盘。注重销售环境的布置与包装，销售中心布局精巧，格调高雅，品质感强，赢得了客户的认可！

（二）失误分析

1.普遍无样板房、看房通道

在本次所调查的11个楼盘中，仅××城建有样板房。样板房、样板环境的缺失，无法直接刺激消费者感官，对客户成交会产生一定的影响。

2.销售人员着装及销售技巧差

在售楼盘中，销售人员着装统一、销售技巧娴熟者仅××××半岛少数几个楼盘。销售人员的形象包装、销售技巧尚待加强。

3.销售中心包装及现场气氛营造不到位

在售11个项目中除××楼盘、××楼盘、××楼盘等少数楼盘销售中心包装较好外，其余楼盘销售中心的包装均缺乏品质感，现场气氛不活跃，无法带动到场客户的热情、激情，直接影响成交。

第二部分　竞争楼盘个案分析

个案分析一：××楼盘

一、楼盘概况

楼盘概况具体见下表。

楼盘概况

案名	××楼盘	建筑风格	海派
开发商	××房地产开发有限公司	表单价	住宅 5100 元 /m² 别墅 8200 元 /m²
物业位置	××市××侧	交房日期	××××年××月
建筑类型	多层、别墅	物业公司	××物业公司
楼栋数	42 栋	物业费	未定
占地面积	100000m²	销售率	30%
建筑面积	135000m²	主力户型	三房
层数	6 层、3 层	主力面积	116.95 ~ 136.93m²
总套数	800 余套	交房标准	毛坯
容积率	1.35	工程进度	部分结顶

二、户型、面积种类及分析

户型、面积种类及分析，具体见下表。

户型、面积种类及分析

户型	面积					销售状况
	1	2	3	4	5	
二房二厅	91.7m²					80%
三房二厅	136.9m²	132.4m²	127.4m²	126m²	116.9m²	30%
四房二厅	150.9m²					70%
别墅	229.8m²	323.3m²				10%

特点分析：二房户型，面积实用，全明设计，但餐厅、客厅联结部分面积浪费；三房户型，方正布局，两个甚至是三个朝阳卧室，动静分区，南北双阳台设计。

三、价格分析

最高价：8200元/m²，层数：叠加别墅。

最低价：3800元/m²，层数：6层。

分析：别墅临近中央水系景观，故价格最贵，多层顶层价格最便宜。

四、销售状况分析

××楼盘目前销售状况一般，购房客户多数被其景观、小区品质所吸引，××周边县城有部分客户在此购房。

五、小区配套分析

双气入户供热水；防盗监控系统，可视对讲系统；有线电视、电信宽带等智能化系统；有约1200m²的大型豪华会所；底层有充足的停车位。

六、优、劣势分析

（一）优势分析

（1）交通优势：位于××路与××路交会处，交通便利。

（2）景观优势：小区中央为4000m²大面积水景。

（3）建筑优势：全框架结构，外墙外保温技术，多重智能化安防设施。

（二）劣势分析

周边配套少，整个地块周边生活氛围不足。

七、学习借鉴方面

（1）销售部布局、格调包装均有独到之处，品质感强。

（2）建筑品质方面：多重智能安防。

（3）销售人员技巧及讲解水平高。

八、失误及问题方面

无样板房，无看房通道；销售人员着装不统一；销售部无人气，现场气氛不活跃。

个案分析二：××楼盘

一、楼盘概况

楼盘概况具体见下表。

楼盘概况

案名	××楼盘	建筑风格	现代
开发商	××房地产开发有限公司	表单价	5160 元 /m^2
物业位置	××路与××路交叉口西 50 米路南	公开日期	×××× 年×× 月
建筑类型	高层	交房日期	×××× 年×× 月
楼栋数	3 栋	物业公司	×× 物业公司
占地面积	30 余亩	物业费	1～1.2 元 /m^2·月
建筑面积	50000m^2	销售率	70%
层数	16 层	主力户型	三房 / 两房
总套数	360 套	主力面积	36m^2、98.85m^2、126m^2
工程进度	主体封顶	交房标准	毛坯、双气

二、户型、面积种类及分析

户型、面积种类及分析，具体见下表。

户型、面积种类及分析

户型	面积				销售状况
	1	2	3	4	
单间	36m^2				未正式销售
一房一厅	48m^2	54m^2			未正式销售
二房二厅	85m^2	98m^2			已售 70%
三房二厅	118m^2	126m^2	127m^2		已售 80%
四房二厅	149m^2	152m^2			售出 30% 左右

特点分析：两房设计较好，面积配比合理，实用率高，全明设计，三房和四房采用错层和双阳台，大飘窗设计，采光，通风效果好。

三、价格分析

最高价：6360元/m²，层数：16层。

最低价：4060元/m²，层数：2层。

分析：目前推出的为3栋高层，价格在周边高层市场属于中高价位，市场接受度一般。

四、销售状况分析

该项目已推出近一年，目前一期销售达到了30%，主要是借助置地公司售房部的名气和位置关系。

五、小区配套分析

双气入户、地下车库；江南水景园林景观，近百株成年桂花树；水系、水景应用等。

六、优、劣势分析

（一）优势

（1）交通优势：××路、××路，出行便利。

（2）景观优势：江南园林和大面积水景。

（二）劣势

（1）地块临主路部分较窄，进出社区不便。

（2）两侧紧临都市村庄，环境差。

七、学习借鉴方面

环境：销售部内环境营造和社区景观的规划较好；形象：销售代表形象良好，普通话讲解，物料宣传，包装有品位。

八、失误及问题方面

小户型采用核心筒设计，每层2梯10户，户数多，异型户型多。

REAL ESTATE

房地产项目策划与实施从入门到精通系列

02

第 二 部 分
项目策划

导言

　　房地产项目策划是进行项目投资决策的依据，是房地产建设活动中的一个独立环节。房地产策划贯穿于项目的每个环节，通过概念设计及各种策划手段，使开发的商品房适销对路，占领市场。

1 项目市场定位

2 项目总体策划

3 项目主题策划

4 项目产品策划

5 项目定价策划

6 项目广告策划

第七章
项目市场定位

【章前概述】 ▶▶▶

　　现代商业社会，市场竞争日趋激烈，而竞争能否成功的关键在于企业的产品市场定位是否准确，营销策略是否实用有效。对于房地产企业来说，市场定位决定了一个开发项目的成败。准确的市场定位和积极的营销策略是房地产项目开发和经营成功的前提。

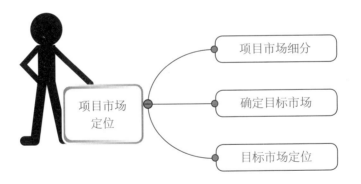

【内容解读】 ▶▶▶

一、项目市场细分

　　所谓市场细分是指营销者通过市场调研，依据消费者的需要、欲望、购买行为和购买习惯等方面的差异，把某一产品的市场整体划分为若干消费者群的市场分类过程。每一个消费者群就是一个细分市场，每一个细分市场都是由具有类似需求倾向的消费者构成的群体。

1.市场细分的标准

市场细分理论首先明确的是某单一的消费者群，选择的往往不仅是产品的单一特性，而是产品特性的组合。对于房地产企业而言，特定的产品不是仅满足某单一的消费者，而是满足某一范围的消费者群。作为个体，消费者的需求层次主要是由其社会和经济背景决定的，因此对消费者的细分，即对其社会和经济背景所牵涉的因素进行细分。

其细分标准如表7-1所示。

表7-1 房地产市场细分标准

细分标准			细分市场
地理因素	城市规模		特大城市、大城市、中等城市、小城市
	区位地段		市中心、次中心、城郊、卫星城区
产品用途	居住	档次	低档、中档、高档、别墅
		房型	×房×厅×卫×阳台
		层数	多层、小高层、高层
	商用		商场、酒店、宾馆
	写字楼		甲级、乙级、丙级
	厂房		—
购房动机	—		求名、求新、求美、求廉、求实、求便等
购房群体	经济地位		高收入、中等收入、低收入
	社会地位		农民、工薪人士、个体户、中高级管理人员
	年龄周期		青年、中年、老年
	家庭结构		单身、三口之家、大家庭等

2.市场细分的方法

市场细分的标准是动态的，不同的企业在市场细分时应采用不同标准，企业在进行市场细分时，可采用一项标准，即单一变量因素细分，也可采用多个变量因素组合或系列变量因素进行市场细分，具体方法如表7-2所示。

表 7-2 房地产市场细分的方法

序号	细分方法	具体说明	举例说明
1	单一变量因素法	就是根据影响消费者需求的某一个重要因素进行市场细分	如按收入变量将房地产市场细分为高端市场和中、低端市场
2	多个变量因素组合法	就是根据影响消费者需求的两种或两种以上的因素进行市场细分	如年龄、职业、工作地点等变量组合细分市场
3	系列变量因素法	根据企业经营的特点并按照影响消费者需求的诸因素，由粗到细地进行市场细分。这种方法可使目标市场更加明确而具体，有利于企业更好地制定相应的市场营销策略	如从人口、地理、心理、行为等方面选取系列因素逐步细分市场，对客户定位和营销策略选择比较有意义

3. 市场细分的一般程序

房地产市场也属于消费品市场，但又不同于一般日常的消费品，它具有投资额大、使用期长的特点，因此做市场细分也有自己的特点。美国市场学家麦卡锡提出细分市场的一整套程序，包括7个步骤，具体如图7-1所示。

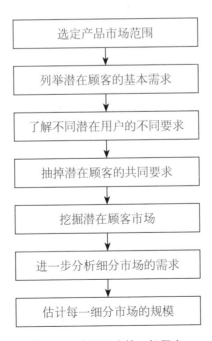

图 7-1 市场细分的一般程序

（1）选定产品市场范围。即确定进入什么行业，生产什么产品。产品市场范围应以顾客的需求，而不是产品本身特性来确定。

比如，某一房地产公司打算在乡间建造一幢简朴的住宅，若只考虑产品特征，该公司可能认为这幢住宅的出租对象是低收入顾客，但从市场需求角度看，高收入者也可能是这幢住宅的潜在顾客。因为高收入者在住腻了高楼大厦之后，恰恰可能向往乡间的清静，从而可能成为这种住宅的顾客。

（2）列举潜在顾客的基本需求。比如，房地产企业可以通过调查，了解潜在消费者对前述住宅的基本需求。这些需求可能包括：遮风避雨，安全、方便、宁静，设计合理，室内陈设完备，工程质量好等。

（3）了解不同潜在用户的不同要求。对于列举出来的基本需求，不同顾客强调的侧重点可能会存在差异。

比如，经济、安全、遮风避雨是所有顾客共同强调的，但有的用户可能特别重视生活的方便，另外一类用户则对环境的安静、内部装修等有很高的要求。通过这种差异比较，不同的顾客群体即可初步被识别出来。

（4）抽掉潜在顾客的共同要求。这是指以特殊需求作为细分标准。上述所列购房的共同要求固然重要，但不能作为市场细分的基础。

比如，遮风避雨、安全是每位用户的要求，就不能作为细分市场的标准，因而应该剔出。

（5）挖掘潜在顾客市场。根据潜在顾客基本需求上的差异方面，将其划分为不同的群体或子市场，并赋予每一子市场一定的名称。

比如，西方房地产公司常把购房的顾客分为好动者、老成者、新婚者、度假者等多个子市场，并据此采用不同的营销策略。

（6）进一步分析细分市场的需求。进一步分析每一细分市场需求与购买行为特点，并分析其原因，以便在此基础上决定是否可以对这些细分出来的市场进行合并，或作进一步细分。

（7）估计每一细分市场的规模。即在调查基础上，估计每一细分市场的顾客数量、购买频率、平均每次的购买数量等，并对细分市场上产品竞争状况及发展趋势做出分析。

二、确定目标市场

市场细分的最终目的是选择和确定目标市场。房地产企业的一切市场营销活动，都是围绕目标市场进行的。目标市场的选择是房地产企业制定营销战略的基础，对企业的生存发展具有重要意义。

1. 目标市场的含义

所谓目标市场，就是企业营销活动所要满足的市场，是企业为实现预期目标而要进入的市场。

2. 目标市场选择的条件

房地产企业是在市场细分的基础上决定要进入的市场，在选择目标市场时要符合如图7-2所示的条件。

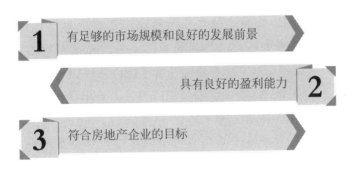

图 7-2 目标市场选择的条件

3. 目标市场选择的模式

房地产企业要对选择进入哪些目标市场或为多少个目标市场服务做出决策。可供房地产开发商选择的目标市场模式有如图7-3所示的五种。

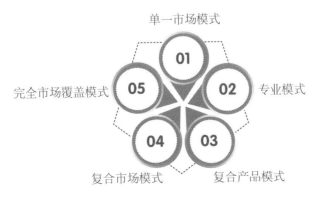

图 7-3 目标市场选择模式

（1）单一市场模式。此模式是指房地产开发企业选择一个目标市场集中营销。

比如，万达集团从公司建立之初就将目标市场锁定为商业地产，成立十几年，这一目标从未改变，改变的只是其触角早已不再局限于辽宁大连，而是伸向全国。北京的万达广场已经成为其一个标志性的项目工程。万达集团在开发策略上不断创新，为了规避商业地产开发项目周期长、资金需求量大的特点，前期就与各种品牌店联合开发，统一规划，将变动因素预先加以考虑，让每个楼盘都畅销，每个商铺都脱销，每个店面都抢手。十几年来能保持每个项目的招商成功、运营成功，与他们采用的单一市场模式是分不开的。

（2）专业模式。房地产开发企业选择若干个目标市场，其中每个目标市场在客观上都具有吸引力，而且符合开发商的目标和资源。

比如，北京SOHO公司，通过市场细分，选择了其中的两个目标市场，该公司集中有限的资源先后为北京的居家办公的目标市场开发了SOHO现代城，为金领人士组成的目标市场在海南开发了高档海景别墅。

（3）复合产品模式。此模式是指房地产开发商集中开发一种类型的物业产品，并向多个目标市场的客户群体销售这种产品。

比如，北京市天创房地产开发公司精心打造天缘公寓（高层住宅项目）。该项目位于北京市西城区白纸坊和西二环交会口，项目总建筑面积7万平方米，公寓的户型面积从75平方米至193平方米，涵盖了二室二厅、三室二厅、四室二厅等多种规格。开发商力图通过该物业的开发建设来满足不同的目标市场（小康型住宅需求群体、富裕型住宅需求群体、豪华享受型住宅需求群体）的需求。

但是，将不同的目标客户群体安排在同一物业内显然无法满足这些目标群体的个性化需求，开发商在选用此模式时要慎重。

（4）复合市场模式。复合市场模式是指开发商专门为了满足某个目标客户群体的各种主要需求而开发的物业。

比如，位于南京新街口中央商务区的标志性建筑天安国际大厦，它的目标客户群体定位在南京CBD办公的白领阶层。该项目的1～8层为大洋百货公司，9～13层为高档写字楼，14～42层是公寓，开发商通过在一个楼盘中开发不同类型的物业，较好地满足了南京新街口CBD区域内的白领人士购物、餐饮娱乐、办公、居住等各种需求。

（5）完全市场覆盖模式。这种模式是指房地产开发商通过投资开发各种类型的物业来满足各种目标市场的需求。只有大型的房地产公司才会采用完全市场覆盖模式。

三、目标市场定位

目标市场定位又称为市场定位，指企业确定自己产品在目标市场上位置的过程。目标市场定位实际上从产品特征出发对目标市场进行进一步细分，进而在按消费者需求确定的目标市场内再选择确定企业产品的目标市场。

1. 市场定位的分类

市场定位可分为对现有产品的再定位和对潜在产品的预定位。

（1）现有产品的再定位

对现有产品的再定位可能导致产品名称、价格和包装的改变，但是这些外表变化的目的是保证产品在潜在消费者的心目中留下值得购买的形象。

（2）对潜在产品的预定位

对潜在产品的预定位，要求营销者必须从零开始，使产品特色确实符合所选择的目标市场。房地产企业在进行市场定位时，一方面要了解竞争对手的产品具有何种特色，另一方面要研究消费者对该产品的各种属性的重视程度，然后根据这两方面进行分析，再选定本公司产品的特色和独特形象。

2. 市场定位的步骤

市场定位是项目策划的核心，起着重要的引领作用，更是事关项目销售业绩好坏的关键因素。房地产开发项目市场定位的步骤如表7-3所示。

表7-3　房地产开发项目市场定位的步骤

序号	内容	具体说明
1	确立开发理念	基于企业的价值观，为体现企业文化，发挥企业的竞争优势，确定开发的指导思想和经营模式，使得项目定位有利于企业的长久发展，有利于品牌建设
2	明确用途功能	在市场定位时应根据城市规划限制条件，按照最佳最优利用原则确定开发类型，对土地资源进行综合利用，充分挖掘土地潜能
3	筛选目标客户	在市场调查的基础上，以有效需求为导向，初步确定项目的目标客户，分析其消费能力，为产品定位和价格定位做好基础工作

序号	内容	具体说明
4	进行项目初步设计	在市场资料的基础上，根据土地和目标客户的具体情况，编制初步设计任务书，委托规划设计部门进行项目的初步设计，进一步确定建筑风格、结构形式、房型、面积和建筑标准等内容
5	测算租售价格	参照类似房地产的市场价格，运用适当的方法，综合考虑房地产价格的影响因素，确定本项目的租售价格
6	提出可行方案	根据企业经济实力和项目投资流量，分析和选择适当的入市时机，充分考虑风险和利益的辩证关系，提出可行的营销策划方案，保证项目的顺利进行

3. 市场定位的内容

定位就是对具体的房地产开发项目在详细的房地产市场调研和分析的基础上，有目的性、有选择性、有针对性地选定目标市场，确定消费群体，明确项目档次，设计建设标准。一般来说，房地产项目市场定位包括图7-4所示的内容。

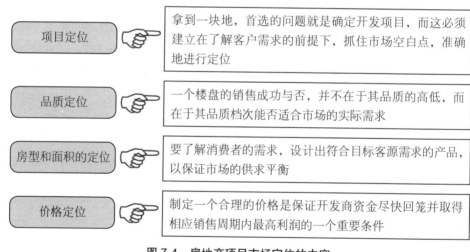

图7-4 房地产项目市场定位的内容

【行业参考】▸▸

× ×地产× ×项目市场定位建议书

第一章 项目定位逻辑分析

略。

第二章　项目定位建议

一、项目档次定位

★社区档次：中高档次

档次范围：政府经济房。

定位建议：寻求档次差异化，提升区域竞争力，但尽量往滨江城档次方向靠。

★配套规模和档次：中高档次

定位建议：在配套档次上，除能满足其他政府集资小区所拥有的社区配套外，希望引入一些特色运动配套、休闲配套、文化配套以提升小区的配套规模和档次。

★景观档次：中高档次

档次范围：政府经济房（本项目东海滨江城）。

定位建议：档次尽量往东海滨江城方向靠，要注重景观处理的细节。

★价格档次：中高档

档次范围：政府经济房（本项目东海滨江城）。

定位建议：价格竞争需要通过全局把控，希望与东海滨江城保持一定的距离，也要从总价上与政府集资小区形成竞争。

二、项目功能定位

休闲居住＋社区特色休闲商业＋社区自给型商业。

三、目标客户群定位

根据对周边楼盘的调研和潜在客户群体的访问，我们锁定本项目目标消费群体特征如下：

1.目标群体主要区域来源：城北区、周边乡镇

大多数楼盘目标客户群体均呈圆形辐射，因此本项目未来目标群体主要是来源于城北区；另外城南、钓鱼城片区也有一部分的潜在客户群体；随着农民收入的增加，乡镇居民将成为一个新的购房群体。

2.目标客户群年龄：22～45岁，其中主力年龄段在30～40岁

从近三年有购房需求的客户年龄上看，总体偏向年轻化，30～40岁的群体所占比例最大，这部分群体有固定的收入和丰厚的存款，购房能力较强。其次，22～29岁的客户也逐渐成为购房的主力，这部分群体大多数都是因为成家要买房，虽然他们有固定的工作，但收入和存款有限，需要家庭

的支持来购房。

3.目标客户群特征

（1）主要属于未婚与父母同住、未婚未与父母同住、已婚未有小孩、已婚小孩未满6岁。

（2）家庭主要结构为两口、三口之家。

（3）主要是大专及以上文凭。

（4）主要职业是个体户、私人企业一般管理人员、专业技术人员、医生及管理人员。

（5）家庭月收入在3000元/月以上。

4.目标客户群购买动机

（1）第一次置业自己居住。

（2）喜欢品质盘而又觉得价格较贵。

（3）对大学城片区区位优势的认可。

（4）朋友/亲戚/同事的大力推荐。

5.目标客户群体主要需求趋势

目标消费群体主要需求的面积范围80～120m²。

四、项目形象定位

特色的休闲文化社区。

通过小区的建设，利用大学城片区的教育氛围打造休闲、文化商业一条街，或也可将小区的会所建立在特色休闲商业一条街上，并同时引入泛会所概念，即所有楼层一楼全部采用4米挑空架空的方式，充分发挥全新特色休闲文化。

案名建议：

（1）学府锦园

案名注释：学府一词非常生动地为消费者介绍了项目的区位和优势。

锦字代表富贵，锦园则代表富贵家园。"学府锦园"则代表着北部时尚精英富贵家园。

（2）阳光晶都

案名注释：阳光寓意朝气蓬勃。"晶"表达了透明、干净的意思，寓意着建筑的简单和明朗，而"都"则传达了一个规模较大的地块的信号。"阳光晶都"让人直观感觉到是非常简单而明朗的建筑规模群。

五、项目价格定位建议

略。

第三章　产品设计建议

略。

第四章　项目开发建议

略。

第五章　营销推广建议

略。

第八章
项目总体策划

💡【章前概述】▶▶ -

　　项目总体策划是指对一个项目的整体、统一和谐的分配和规划。并不针对项目中单一的小项目，而是从项目整体的角度来进行策划。

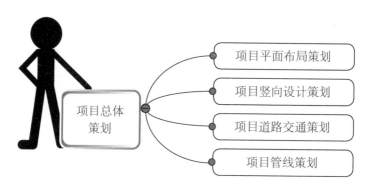

【内容解读】▶▶▶ -

一、项目平面布局策划

房地产项目平面布局策划主要包括以下两个方面的内容。

1. 建筑单体平面布局

住宅建筑平面布局主要分为塔式住宅、单元式住宅、通廊式住宅三种形式，具体如表8-1所示。

表 8-1　住宅建筑平面布局的形式

序号	布局形式	具体说明
1	塔式住宅	塔式住宅是以公共楼梯、电梯为核心布置的单个单元多户住户的高档住宅,其平面长度与宽度尺寸相接近,竖直方向远远大于水平方向
2	单元式住宅	单元式住宅是指在多层、高层楼房中的一种住宅建筑形式。通常每层楼面只有一个楼梯,住户由楼梯平台直接进入分户门,一般多层住宅每个楼梯可以安排2到4户。所以每个楼梯的控制面积又称为一个居住单元
3	通廊式住宅	通廊式住宅是指由共用楼梯或电梯通过内、外廊进入各套住宅的住宅布局形式。如果采用内廊式走道则无法实现户内通风,半数以上户型没有南向日照,比较适宜作为过渡性住宅

小知识

塔式和单元式布局在住宅中最为常见,而通廊式布局则在单身公寓、酒店式公寓等建筑中采用较多。

2. 建筑群体平面布局

建筑群体平面布局的形式有行列式、围合式、组团式、点群式、开放式以及混合式等。具体如表8-2所示。

表 8-2　建筑群体平面布局形式

序号	布局形式	具体说明
1	行列式	行列式是指单元式住宅按一定朝向和合理间距成排布置的方式 优点:可使每户获得良好的日照和通风条件,便于布置道路、管网,方便工业化施工 缺点:空间景观单调、呆板,后排建筑的视线容易受前排建筑物的遮挡,视野不够开阔
2	围合式	围合式是指住宅建筑沿街坊或院落周边布置的形式 优点:造型美观,有个性、识别性强;空间封闭、院落完整;可造公共绿化休息用地,易做出中心庭院景观;更多的家庭能够享受到小区外围的自然景观;提高建筑密度,利于节约用地;可阻挡风沙和减少院内积雪 缺点:部分住宅朝向较差;对于炎热地区较难适应;对地形起伏较大的地区造成较大土石方工程;相邻住户易干扰

续表

序号	布局形式	具体说明
3	组团式	组团式是指项目较大的小区可以由若干同一类型、同一层数或不同类型、不同层数的住宅围合而成，组团之间可以用绿地、道路或自然地形进行分隔，组团实质上也是一种围合布局 优点：住宅布局灵活，空间景观效果丰富，功能分区明确，便于利用地形，有些组团可以进行封闭物业管理，也较利于分期建设 缺点：公用设施投资及物业管理费用较大
4	点群式	点群式是指塔式或单元式等住宅围绕居住区中心绿地、水景或配套建筑，有规律或自由布局的形式 优点：住宅布局灵活，能够合理利用土地，景观效果丰富 缺点：庭院感没有围合式和组团式布局居住区强
5	开放式	开放式是指住宅布局不是严格的列式、围合式，也不是完全的组团式，而是自由的、开放的、不拘一格的布局方式 优点：视野开阔，景观效果丰富，立面效果生动活泼 缺点：不利于日后的物业管理
6	混合式	混合式是指上述几种基本形式的结合或变形的组合形式

二、项目竖向设计策划

房地产项目竖向设计是指为了满足居住区道路、地面排水、建筑布置和城市景观等方面的综合要求，对自然地形进行利用与改造，确定坡度、控制高程和平衡土方等进行规划设计工作。具体要求如表8-3所示。

表8-3 竖向设计的具体要求

序号	设计要求	具体说明
1	道路竖向设计	（1）应结合地形，符合纵横断面设计的技术要求 （2）主要道路均应先作纵、横断面设计 （3）道路交叉口的竖向设计因地形及道路交叉的主次状况不同而有多种处理形式 （4）不同等级的道路要求有不同的坡度要求
2	场地竖向设计	（1）同一场地可以设计成不同的竖向形式，以满足使用要求和景观效果 （2）场地坡度要符合地块使用的要求 （3）场地要保证良好的排水条件，避免出现凹地
3	其他竖向设计	（1）广场可设计成多种竖向形式，既使得广场生动有趣，又适合人们活动、散步、游憩 （2）宅旁用地竖向设计要注意排水组织 （3）绿地的竖向设计应自然起伏以便更生动宜人

三、项目道路交通策划

道路是居住区的空间形态骨架，居住区道路不仅具有组织车行与人行交通的功能，同时也是居住区功能布局的基础。

1. 交通组织方式

小区内交通组织方式分为图8-1所示的两种方式。

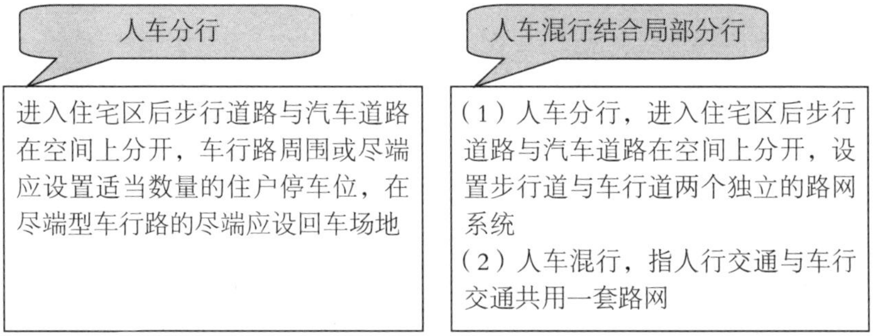

人车分行

进入住宅区后步行道路与汽车道路在空间上分开，车行路周围或尽端应设置适当数量的住户停车位，在尽端型车行路的尽端应设回车场地

人车混行结合局部分行

（1）人车分行，进入住宅区后步行道路与汽车道路在空间上分开，设置步行道与车行道两个独立的路网系统
（2）人车混行，指人行交通与车行交通共用一套路网

图8-1　小区内交通组织方式

2. 路网规划原则

小区路网规划应遵循以下原则：

（1）顺而不穿，保持居民区内居民生活的完整和舒适。

（2）分级布置，逐步衔接，保证居住区交通安全、环境安静以及居住空间领域的完整。

（3）因地制宜，使居住区的路网布局合理，建设经济。

（4）功能复合化，营造人性化的街道空间，也是营造社区文明的重要组成部分。

（5）构筑方便、系统、丰富、整体的居住区交通、空间和景观网络。

（6）应考虑居住区居民的交通对周边城市交通可能产生的不利影响，避免居住区的出入口靠近道路交叉口。

3. 道路交通规划要求

按照居住区规划设计的理论结合相应人口规模和用地规模，将居住区道路分为四级，居住区级、居住小区级、居住组团级和宅间小路。具体要求如表8-4所示。

表 8-4　道路交通规划要求

序号	规划要求	具体说明
1	居住区级道路	红线宽度一般为20～30米，山地居住区不小于15米，车行道一般需要9米，如考虑通行公交可以增加至10～14米，人行道宽度一般为2～4米
2	居住小区级道路	红线宽度一般为10～14米，车行道宽度一般为5～8米。在红线宽于12米时可以考虑设人行道，其宽度一般在1.5～2米
3	居住组团级道路	红线宽度一般在8～10米，车行道宽度要求为5～7米，大部分情况下不需要设置人行道
4	宅间小路	路幅宽度不宜小于2.5米，连接高层住宅时其宽度不宜小于3.5米

四、项目管线策划

随着城市化进程的快速推进，城市发展布局和结构日趋合理，城市居民对生活质量和生活环境有了更高的追求，对小区管线的要求也越来越高，合理地进行管线综合规划设计，对降低施工难度和减少管网投资是至关重要的。

1. 管线的分类

住宅区的管线，按不同的标准，可分为不同的类型，具体如表8-5所示。

表 8-5　管线的分类

分类标准	管线类型	备注
按管线用途	给水管道	生活给水、消防给水管道
	排水管道	雨水管道、污水管道
	燃气管道	煤气管道、天然气管道
	热力管道	热水管道、蒸汽管道
	电力管线	包括高低压输配电线路
	通信管线	电话、有线电视、宽带网络
按敷设方式	架空管线	容易破坏环境美观，故目前房地产项目已经较少采用
	埋地管线	直埋管线
		沟埋管线
按埋设深度	深埋管线	通常以埋深1.5米为划分标准
	浅埋管线	
按工作压力	压力管道	给水管道、燃气管道、热力管道等
	重力管道	雨水管道、污水管道和废水管道等

2. 管线设计的步骤

房地产住宅项目管线设计步骤如图8-2所示。

图 8-2　管线设计步骤

（1）收集管线资料。应收集的管线资料包括线状管线资料、管线规划资料、项目总体规划方案、单体建筑施工图等。

（2）确定管线平面布置。房地产项目管线的平面布置一般应根据管线的性质、埋深、现场工程条件等具体情况确定。工程管线之间及其与建筑物之间的最小水平净距要符合规范规定，还应遵循尽量减少管线交叉的基本原则。

小知识

管线平面布置分为小区道路下的管线布置和住宅前后的管线布置两部分。

（3）确定管线竖向布置。管线竖向布置也就是确定管线的高程。从上至下的管线顺序如图8-3所示。

图 8-3　管线顺序

但实际根据工程具体情况而定。落实到施工图设计时，各工程管线竖向高程设计、施工可按照一定的顺序和原则进行，具体如下。

◆雨水、污水等重力管道，需按坡度敷设，管线综合设计时，应先做雨水、污水、废水管道的平面和纵断面设计，解决重力流管线自身间的竖向交叉碰撞事件。

◆在解决完重力管道的竖向交叉问题后，应再进行热力、热水管线的平面和纵面设计，并确保其高程及平面位置不与重力管道发生冲突。

◆确定燃气、给水、消防、中水、电信等竖向高程。

3.管线设计的原则

房地产项目在管线相互交叉穿越时应遵循如图8-4所示的相互避让原则。

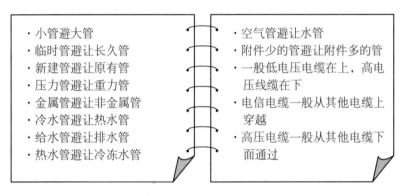

- 小管避大管
- 临时管避让长久管
- 新建管避让原有管
- 压力管避让重力管
- 金属管避让非金属管
- 冷水管避让热水管
- 给水管避让排水管
- 热水管避让冷冻水管

- 空气管避让水管
- 附件少的管避让附件多的管
- 一般低电压电缆在上，高电压线缆在下
- 电信电缆一般从其他电缆上穿越
- 高压电缆一般从其他电缆下面通过

图8-4　管线设计的相互避让原则

4.管线设计的要求

房地产项目管线设计的要求如图8-5所示。

1 管线应尽量布置在道路红线以内，不要乱穿空地，以免影响其他设施的修建。但也要避免过分集中在交通频繁的主干道下面，以免施工及抢修时开挖路面或影响主干道交通

2 管线埋设的深度和位置由管线的性质决定。可燃、易燃及损坏时对建筑物有危害的管道，应该离建筑物远一些，埋设深度大的也要远一些

3 各种管线在同一处布置时，还应尽可能做到呈直线，互相平行、不交错。还要考虑预留出施工安装、维修更换的操作距离，设置支柱、吊架空间，以及热膨胀补偿的余地等

4 安排管线位置时，应考虑到发展的需要，应当为可能建设的管线预留用地范围

图8-5　管线设计的要求

第九章
项目主题策划

💡 【章前概述】▶▶▶ ---

　　主题策划是房地产策划的核心，通过主题策划的贯穿和支持，可以推动房地产项目开发的全面创新。

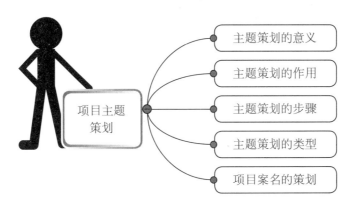

🔍 【内容解读】▶▶▶ ---

一、主题策划的意义

　　房地产项目主题具有层次性，有宏观和微观主题之分。宏观主题主要针对项目整体而言，是贯穿整个项目的中心思想。微观主题则针对项目的不同组成部分或者同一个项目的不同阶段，是在项目开发的各个环节表现出来的次中心思想。

　　比如，广州奥林匹克花园，广告标语为"运动就在家门口"，其项目主题为"科学运动，健康生活"。广东顺德碧桂园，广告标语为"给你一个五星级的家"，项目主题为"高质量的社区生活"。杭州阳明谷，广告标语为"一山、一水、一世家"，项目主题为"景观环境优越的豪宅别墅"。

房地产项目主题策划是指策划师根据房地产市场、消费者的需求状况、房地产项目本身的特点提炼并确定项目的主题思想，通过规划设计来体现项目的独特优势以及开发理念，并通过主题概念将这种独特优势及开发理念准确地传达给市场及消费者，树立项目特定市场形象的过程，主题策划是一个思维创意过程。

二、主题策划的作用

房地产项目主题策划具有图9-1所示的作用。

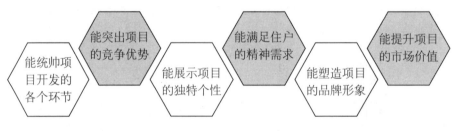

图9-1　主题策划的作用

1.能统帅项目开发的各个环节

房地产项目开发建设需要经过很多环节，主题策划通过树立项目的开发理念和中心思想，能够统率、贯穿房地产开发的各个环节，保证房地产项目的规划设计、营销推广、物业管理、社区文化建设等环节始终围绕预定的目标和方向进行而不至于产生偏差。

2.能突出项目的竞争优势

在竞争激烈的房地产市场，每个项目都应该具有自己的独特优势，这些优势需要通过主题策划表现出来，从而引起市场的注意，得到消费者的认可。

3.能展示项目的独特个性

房地产主题策划能够赋予项目鲜明的特色与个性，加深市场对房地产项目的印象，满足消费者对房地产产品个性化的追求。

4.能满足住户的精神需求

优秀的主题策划通过对项目所处区段的历史与文脉的发掘，对建筑文化和艺术文化的发扬与光大，可以赋予房地产项目以文化、理念以及其他精神层面上的内涵，使房地产项目充满活力，具有生命与灵魂，使居住者获得精神上的满足与享受。

5.能塑造项目的品牌形象

主题策划能够展现项目的竞争优势和独特个性，有助于加深消费者对房地产项目的印象，长此以往便能塑造房地产项目的企业品牌形象。

6.能提升项目的市场价值

建筑从物质形态上看是钢筋水泥等合成体，主题策划通过赋予没有生命力的建筑个性鲜明的、富有文化及鲜活生命力的内涵与形象，从而增加房地产产品的附加值。

三、主题策划的步骤

主题策划的步骤如图9-2所示。

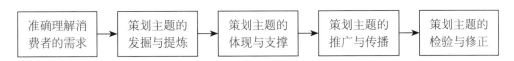

图9-2　主题策划的步骤

1.准确理解消费者的需求

主题策划必须要契合消费者的需求状况，因此进行主题策划的前提是要能准确理解消费者的需求，而这必须建立在充分市场调研的基础上。

2.策划主题的发掘与提炼

在房地产策划实务中，主题概念可以从图9-3所示的几方面

从项目所在区块的历史文化沉淀中发掘

从与竞争项目的对比中发掘

从市场消费者的需求中发掘

从项目自身的资源优势中发掘

从社会、经济及房地产市场发展变化中发掘

图9-3　主题概念的发掘

发掘。

3. 策划主题的体现与支撑

在进行项目主题策划时，策划师需要深刻理解项目主题与项目实体之间的密切联系，即房地产项目实体所具有的独特个性与竞争优势需要通过高度概括和提炼的主题概念表现出来，而主题概念也必须在项目实体中得到具体的体现与支撑，实体是主题的载体，实体完善的支撑是主题概念得以"表里如一"的有力保证，否则主题策划仅仅是包装。

4. 策划主题的推广与传播

就是说在消费者心目中树立项目主题的知名度及美誉度及项目品牌形象，这一步工作主要通过广告宣传等手段完成。

5. 策划主题的检验与修正

主题策划属于思维创意过程，要求策划师的主观判断必须符合市场可观的需求状况。主题策划能否达到预期效果需要通过市场的检验，根据市场检验和反馈的结果，策划师应该对项目主题进行修改与调整。

相关链接

如何提炼房地产项目主题

提炼房地产项目主题要把握以下要求。

（1）主题立意要新颖、概念要独特，在符合市场需求的基础上充分展示个性。

（2）主题的内涵要丰富、含义要深刻、外延要宽广，便于后期的深入挖掘和展开。

（3）主题形式要简洁、表达要流畅，广告语要朗朗上口，易于流传、便于传播。

四、主题策划的类型

房地产项目主题策划按不同的划分标准，可分为不同的类型，具体如表9-1

所示。

表9-1 主题策划的类型

序号	划分标准	具体说明
1	从复合地产角度划分	（1）旅游地产，如杭州乐园、杭州千岛湖度假村 （2）体育地产，如广州奥林匹克花园、北京万科星园 （3）商住两用，如北京SOHO现代城 （4）教育地产，如广东顺德碧桂园、广州星河湾
2	从人文历史角度划分	（1）文化主题，如北京耕天下（京华名邸、朱雀门）、杭州翰林花苑 （2）历史主题，如杭州中大吴庄、杭州宋城等
3	从人居角度划分	（1）康居工程主题，如杭州金都景苑、广州保利花园 （2）建筑节能主题，北京锋尚国际公寓 （3）绿色环保主题，如浙江金都房产的系列房地产项目 （4）住宅科技主题，如杭州朗诗国际街区
4	从景观角度划分	（1）山景主题，如南京香山美墅、杭州富春山居 （2）江景主题，如上海世贸滨江花园、杭州金色海岸 （3）湖景主题，如杭州西湖名钰公寓、扬州水岸泓庭 （4）海景主题，如深圳17英里、深圳海景花园
5	从建筑风格角度划分	（1）传统民族主题，如北京宣颐家园、杭州白荡海人家 （2）传统园林主题，北京观唐、北京宜郡 （3）现代建筑主题，如杭州天寓 （4）异国风情主题，如广州中海名都（新加坡）、杭州德加公寓（法国）、杭州天都城（法国）
6	从社区配套角度划分	（1）豪华会所：广州碧桂园系列项目 （2）星级物管：广州碧桂园系列项目、杭州东方润园等
7	从生活方式角度划分	（1）体育运动：广州奥林匹克花园 （2）单身公寓：杭州双牛大厦 （3）商住两用：北京SOHO现代城 （4）白领生活：杭州戈雅公寓 （5）富豪生活：上海紫园别墅、上海汤臣一品公寓、上海世贸滨江花园 （6）老年生活：杭州金色年华
8	其他主题	区位主题（CBD、中心区、地铁、商业区）、户型主题、价格主题、物管主题、形象主题、品质主题、亲情主题、爱情主题等

续表

序号	划分标准	具体说明
9	多主题策划	（1）以一个主题为中心，其他副主题为烘托 （2）多个主题不分主次，相互补充，互相映衬（注意：①各个主题之间的融合与互补，不能互相矛盾；②要避免主题多导致中心分散）

五、项目案名的策划

项目案名能够反映项目的独特个性与居住理念，是项目主题的核心体现，好的项目案名能够引起市场的关注，起到先入为主的作用，项目案名能够给消费者以心理暗示，是联系消费者和房地产项目之间的桥梁，项目案名是展示项目品牌的重要手段。

1. 项目命名的方式

房地产命名一般有两种方式，通用命名和自由命名。通用命名由"修饰语+中心语"构成，自由命名不受一般通用命名规则的限制。

2. 案名策划的注意事项

（1）项目通用命名应该符合现代汉语词汇的构词规则。

通用命名的修饰语一般采用地名、开发商名、植物名，自然现象及传统吉祥语（如"富"）、欧美地名、时尚式用语（如"SOHO"）。

比如，远洋山水、中海雅园、光大花园、棕榈泉国际公寓等。

（2）项目自由命名应该具有个性、别具一格。

自由命名的方式别具一格。

比如，春江花月、西域年华、七里香溪、枫丹白露、岸上蓝山、风雅钱塘、第6大道、阳光100、青山湖81号等。

（3）项目命名应该简洁、明确、易于记忆。

简洁、明确的案名容易形成较强的冲击力，能够给你留下深刻的印象。

比如，吴庄、天寓、朗郡、魅力之城等。

（4）项目案名应该在音、形、意方面追求和谐统一。

房地产命名一般在3～6个字，4个字的命名占一半。

（5）项目案名应能反映项目的核心价值与主题。

项目案名应该与项目所在地的地理环境、文化背景及项目的产品定位、建筑风格等相吻合，反映项目的核心价值与主题。

（6）项目命名要符合当地法律法规规定。

不得使用有损于国家主权、领土完整、民族尊严和人民团结的词语，不得使用封建帝王称谓、官衔和职位，不得使用国内外著名城市或名胜的译名等。

小知识

好的案名是项目不可多得的品牌资源。

第十章
项目产品策划

💡 【章前概述】▶▶▶ --

　　产品策划是房地产策划中最重要的一个环节。人们经常说一个项目的成功70%取决于规划设计，即产品策划，30%取决于后期的营销推广，可见产品策划在房地产策划中的重要性。

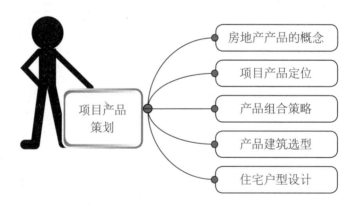

🔍 【内容解读】▶▶▶ --

一、房地产产品的概念

1.房地产产品的内涵

　　凡是提供给市场的能够满足消费者或用户某种需求或欲望的任何有形建筑物、土地和各种无形服务均为房地产产品。前者包括物业实体及其质量、特色、类型、品牌等;后者包括可以给消费者带来附加利益和心理上的满足感及信任感的服务、保证、物业形象、房地产开发商和销售代理商声誉等。

2. 房地产产品的层级

房地产产品包括图10-1所示的三个层级。

图10-1 房地产产品的层级

(1)核心产品。核心产品是产品需求的核心层次,即满足顾客的基本需求和利益。本质上说,客户需求不单指房屋本身,还包括房屋所提供的安全、舒适以及所能给客户带来的家庭温暖感、亲情感、成就感等心理需求以及房地产产品所具有的保值和增值功能等。

(2)有形产品。有形产品,也叫形式产品,是产品需求的物质层次,即产品的物质表现形式,是房地产核心产品的载体,是消费者可直接观察和感受到的内容。房地产有形产品包括图10-2所示的内容。

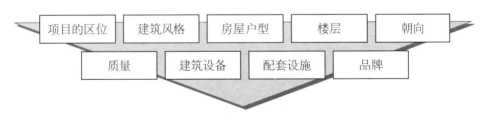

图10-2 房地产有形产品包括的内容

(3)延伸产品。延伸产品,也叫附加产品,是产品需求的外延部分,即顾客购买房地产商品过程中可以得到的各种附加服务,或者利益的总和。其附着在有形产品之上,是实质产品的需求和体现,包括销售、信贷、物业管理、产品的社会形象等。

3. 房地产产品的类型

房地产产品类型主要包括：居住房地产项目、商业房地产项目、工业房地产项目、特殊用途房地产项目。具体如图10-3所示。

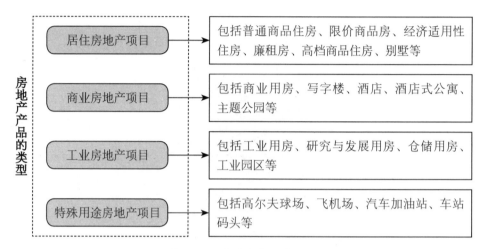

图 10-3　房地产产品的类型

二、项目产品定位

房地产项目的产品定位是在市场细分、客户需求分析、客户群确定的基础上，对房地产项目的主要技术参数、模式等的确定，对产品效用、产品形式、产品功能的设计与创新，最终目的是反映产品独特的市场形象。

房地产项目产品定位的方法如图10-4所示。

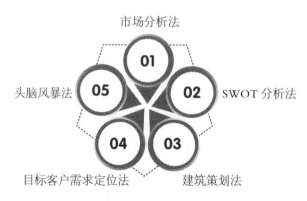

图 10-4　房地产项目产品定位的方法

1. 市场分析法

市场分析法是指应用市场调查方法，对房地产项目市场环境进行数据搜集、归纳和整理，形成项目可能的产品定位方向，然后对数据进行竞争分析，利用排除、类比、补缺等方法形成项目的产品定位的方法。

其中，市场分析法中的市场调查方法包括实地调查法、问卷访问法、座谈会等。而房地产项目市场环境研究的内容如表10-1所示。

表 10-1　房地产项目市场环境研究的内容

序号	研究内容	具体说明
1	外部市场环境	外部市场环境是指经济环境、政策环境等
2	竞争市场环境	竞争市场环境主要是指同类项目的开发结构、市场供应量、潜在需求量、开发规模、城市及区域价格分布规律、产品级别指数、客户来源和客户资源情况

小知识

竞争市场环境分析是在外部市场环境的基础上进行的市场状况研究，它的主要目的是明确项目的直接竞争市场，确定产品定位的策略。

2.SWOT 分析法

SWOT是优势（Strength）、劣势（Weakness）、机会（Opportunity）和威胁（Threats）的合称。SWOT分析法即对项目面临的内、外部各方面条件进行概括和总结，分析项目自身具备的优势和劣势因素、面临的外部发展机会和存在的威胁等因素，将调查出的各种因素根据轻重缓急或影响程度等排序方式，构造SWOT矩阵，以此为基础，从而得出项目解决方案。

3. 建筑策划法

建筑策划是指根据总体规划的目标，从建筑学的角度出发，根据相关经验和规范，以实态调查为基础，经过客观分析，最终得出实现既定目标所应遵循的方法和程序。根据研究对象不同，建筑策划法的研究领域分为第一领域和第二领域，具体如图10-5所示。

第二领域：研究建筑功能和空间的组合方法

领域

第一领域：研究建筑、环境、人的课题

图 10-5   建筑策划法的研究领域

小知识

　　房地产项目产品定位的建筑策划不等同于建筑设计本身，它是在建筑设计之前，在市场调研的基础上提出的建筑设计内容，是房地产项目产品构思、概念和形象的组成部分，是产品定位的重要构成部分。

4. 目标客户需求定位法

　　目标客户需求定位法是指房地产开发商在物业产品定位时，根据所选定的目标市场的实际需求，开发建设出能满足他们个性化需求的产品，步骤如表10-2所示。

表 10-2   目标客户需求定位法的步骤

序号	步骤	具体说明
1	目标市场确定	市场细分后，开发商要对选择进入哪些目标市场或为多少个目标市场服务做出决策
2	目标客户特征分析	根据目标市场，分析目标群体所处的目标角色状态和追求的核心价值，确定主要目标客户的特征，包含其购买动机、欲望、需求等特征，提出相应产品定位
3	产品定位	在充分掌握目标顾客的需求特征后，需要对产品的效用、产品形式、产品功能等进行定位和创新，来反映产品独特的市场形象

5. 头脑风暴法

　　在房地产产品定位中，头脑风暴法是实践中经常使用的一个方法。头脑风暴法又可以分为直接头脑风暴法（头脑风暴法）和质疑头脑风暴法（反头脑风暴法）。具体如图10-6所示。

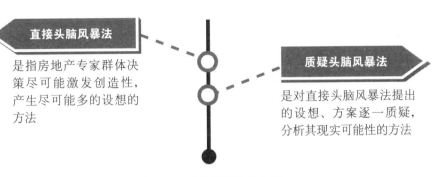

图 10-6　头脑风暴法的分类

哪些条件能限制房地产产品定位

　　房地产产品定位要求在各种限制条件（地形地貌、户型配比、容积率、绿地率、限高、朝向、楼间距、日照间距、单套面积等）下寻找最佳方案，还要求考虑产品是否满足市场和客户需求，因此房地产项目的产品定位存在很多的限制因素，主要如下。

1.土地

土地方面主要考虑如下。

（1）土地的自然条件，如地块的面积、周边的自然景观等。通常面积越大、形状越方正完整，产品定位的空间越大。

（2）土地的使用条件，如土地的规划要求、地理位置和其他限制条件。

（3）土地周围的使用现状和发展趋势。

（4）土地开发的主观条件，例如，是自主开发还是合建，自主开发使产品定位有了更大的空间。

2.城市规划

　　城市规划方面主要是考虑相关城市规划的限制，例如容积率、覆盖率、建筑物高度、用途及环境等。城市中心地块的规划要求一般比较严格，在用地范围、容积率、建筑物高度甚至是建筑物的外观、外墙颜色和装饰材料等方面的限制条件较为苛刻，使得房地产产品的定位受到较大限制。

3. 顾客需求

顾客需求方面主要是考虑客户需求的地理位置、价格区间和产品种类。例如别墅一般考虑建在离城市较远的地方，定位于开敞的空间，优美和恬静的田园环境，满足高收入、自己配备汽车的家庭。

4. 资金供应

资金供应方面主要考虑是自有资金还是借贷资金，采用何种融资方式，即采用独资、招商、集资还是贷款等手段，不同资金来源会影响房地产产品成本的不同，会造成产品定位空间的不同。

5. 市场条件

市场条件主要是考虑房地产市场的发展阶段、发展水平和发展趋势，例如，市场是处于一个供方市场还是需方市场，市场是一个良性市场还是一个不正常的市场，不同的市场条件会影响房地产产品定位。

6. 开发商思维

房地产产品定位很容易受到开发商思维的限制，开发商对市场的把握，创新性或对项目的理解深度的不同，会在很大程度上影响房地产项目的产品定位，特别是在项目的创新性等方面。

三、产品组合策略

由于房地产项目存在因定位、功能、规格、档次等差异，所以产品组合及优化至关重要。

1. 不同物业类型组合

不同物业类型组合是指在城市规划许可范围内，开发商根据市场中各类物业的景气状况，政府的配套要求及项目的总体定位，按风险与利润最优匹配原则，决定各类物业开发比例。具体组合策略如表10-3所示。

表 10-3　不同物业类型组合策略

序号	策略	具体说明
1	组合目标	分散风险，创造项目满意利润
2	组合限制条件	（1）所在区域的经济发展状况、产业结构状况、交通等基础设施条件 （2）地块自身条件（区位、规划用途、面积、容积率、地价水平等） （3）各类物业市场景气状况及利润水平 （4）周边业态、竞争产品组合和价格 （5）产品定位
3	组合风险提示	项目产品类型组合的形式很多，要注意发挥物业间的协同效应，避免产生消极影响

2. 相同物业类型、不同产品品目组合

每一大类物业中，又有很多不同的产品品目。如在住宅大类产品中又有别墅、多层、小高层、高层等产品品目，而别墅在建筑形态上可以分为独栋别墅、联排别墅、双拼别墅、叠拼别墅等类型。其组合策略如表10-4所示。

表 10-4　相同物业类型、不同产品品目组合策略

序号	策略	具体说明
1	组合目标	分散风险，扩大销售，创造项目满意利润
2	组合限制条件	（1）地块自身条件（区位、面积、规模、容积率、交通、配套、景观等） （2）产品定位 （3）周边项目产品组合 （4）各产品品目的市场接受度、供求关系、各市场价格及利润水平等
3	组合风险提示	档次相差较大的两个品目物业不宜直接相邻，且应有相对独立的区域

四、产品建筑选型

1. 住宅建筑类型

住宅建筑类型常见的分类方式如表10-5所示。

表 10-5　住宅建筑类型常见的分类方式

序号	分类标准	具体说明
1	按建筑层次划分	分为低层建筑（单层住宅、独栋别墅、联排别墅、双拼别墅、叠拼别墅、空中别墅等）、多层住宅、高层住宅
2	按平面特点划分	分为点式住宅、条式住宅
3	按结构类型划分	分为砖混结构、框架结构、框架剪力墙结构
4	按户内空间布局划分	分为平层式、错层、复式、跃层

2. 板楼和塔楼

（1）板楼。板楼的平面图上，长度明显大于宽度。板楼有两种类型：第一种是长走廊式的，各住户靠长走廊连在一起；第二种是单元式拼接，若干个单元连在一起就拼成一个板楼。塔楼比较高、比较方；板楼比较矮、比较长。

（2）塔楼。塔楼的平面图特点是，一层若干户，一般多于四五户共同围绕或者环绕一组公共竖向交通通道形成的楼房平面，平面的长度和宽度大致相同。这种楼房的高度一般从12层到35层。塔楼一般是一梯4户到一梯12户。

板楼与塔楼的优缺点对比如表10-6所示。

表 10-6　板楼与塔楼的优缺点

序号	分类	板楼	塔楼
1	优点	（1）南北通透，便于采光通风 （2）板楼均好性强 （3）管理成本不高 （4）面积使用率很高	（1）节约土地资源，房价较低 （2）空间结构灵活，宜于改造 （3）结构强度高，抗震性好 （4）居高望远，视野开阔
2	缺点	（1）建筑密度低，房价高 （2）户型格局不宜改造	（1）均好性差 （2）面积使用率不高

五、住宅户型设计

户型是房地产实现其功能和价值的直接载体，房地产产品创新首先表现为户型的创新，能否设计出迎合购房者需求的户型，是决定房地产开发成败的关键之一。

1. 住宅功能分区

房地产项目住宅功能分区如表10-7所示。

表 10-7　房地产项目住宅功能分区

序号	功能分区	具体说明
1	私密行为空间	包括主卧室、单人次卧室、客房和保姆室
2	公共行为空间	包括起居室、客厅、餐厅、过厅、工作室、健身房等
3	家庭行为空间、卫生行为空间	包括厨房、洗衣房、家务室和卫生间
4	交通空间、室外过渡空间	包括过道、走廊、户内楼梯、阳台、露台

2. 住宅功能分区的原则

房地产项目住宅功能分区应遵循图10-7所示的原则。

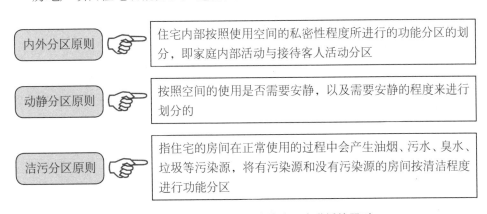

图 10-7　房地产项目住宅功能分区应遵循的原则

3. 住宅功能分区设计的要点

房地产企业在对开发的房地产项目进行住宅功能分区设计时，应注意以下要点：

（1）综合考虑各个房间的大小、日照、采光、通风等。

（2）功能空间应满足适用、安全、卫生、舒适、经济、美观、长效的要求。

（3）卧室设计应该避开来自户内其他房间或周围邻居的视线干扰，以保证卧室的私密性。

（4）必须设置户内的室外空间——阳台。阳台可促进室内环境交融，发挥多功能作用。

相关链接

北京市发布地方标准《住宅设计规范》

随着新的经济和市场形势下住宅发展的需要，人们对住宅的居住环境也提出了更高的要求。为提高住宅功能质量，使住宅设计适应本市住宅市场发展需要，针对本市地方特点制定的北京市地方标准《住宅设计规范》DB 11/1740—2020于2021年1月1日正式实施。

1.最小套型比国标增2平方米

住宅的套内使用面积到底该如何计算？规范明确规定，烟囱、排气道、管井等均不计入使用面积，使用面积是住户真正能够使用的面积。

在国标中，住宅的最小套型面积为22平方米。而按照此次公布的京版标准，小户型住起来将更舒适。规范提出，由卧室、起居室（厅）、厨房和卫生间组成的套型，其使用面积不应小于32平方米；由兼起居的卧室、厨房和卫生间等组成的最小套型，其使用面积不应小于24平方米，比国标增加了2平方米。

此外，住宅结构的设计使用年限不应低于50年。

2.居住空间内宜设置晾晒空间

住宅套型设计的集约化使得内部空间相对紧凑，为提高生活居住品质及便利性，宜在居住空间内部考虑晾晒空间的设置。为此，规范提出，套型设计宜设置晾晒空间。

起居室是住宅套型中的基本功能空间，作为家庭成员共同的活动中心，需要布置的家具、设备较多。起居室设计恰当与否，直接关系到居住、生活是否舒适。规范要求，起居室（厅）的使用面积不应小于11平方米。不过，无直接采光的餐厅、过厅如果面积太大，则会降低居住生活标准。因此，无直接采光的餐厅、过厅等，其使用面积不宜大于10平方米。

3.厨房使用面积不应小于4平方米

随着现代经济的发展、人们生活水平的提高，家庭厨房内设备、电器数量也在日益增多，因此有必要适当增加厨房面积，用于家庭放置新型厨电设备，以满足人们现代化生活的使用和操作要求。规范提出，由兼起居的卧室、厨房和卫生间等组成的最小套型，其厨房使用面积不应小于4平方米，由卧室、起居室（厅）、厨房和卫生间组成的套型，其厨房使用面积不应小于5平方米。厨房应直接采光、自然通风，而厨房地面则应采用防滑的装修材料。

4.厕位淋浴预留安装扶手条件

卫生间因施工质量或防水材料出现问题而造成的漏水现象依然存在，同时管道噪声、水管冷凝水下滴的问题影响下层房间的使用。为此，规范明确规定，不得将卫生间直接布置在下层住户主要生活空间的上层，包括起居室（厅）、卧室、厨房和餐厅。

考虑到洗衣机已是普遍使用的家庭洗衣清洁设备，因此，住宅设计中，应设置洗衣机的位置，并留出设备及电气条件。

因使用卫生间时发生体位变化造成重心不稳、卫生器具表面和地面湿滑等原因，卫生间是住宅中发生意外摔倒频率较高的地方。为满足住宅适老性和无障碍设计的需要，新建住宅在建设时，应在卫生间厕位和淋浴位置的墙内或地面预留安装扶手。此外，地面的防滑安全程度被划分为低、中、中高、高四个等级。卫生间是住宅中易发生滑倒的场所，因此，卫生间的地面应采用防滑的装修材料，防滑等级应选择防滑安全程度为中高级和高级的材料。

5.阳台栏杆必须防儿童攀登

阳台是活动较多的地方，栏杆的垂直杆件间距一旦设计不当，很容易造成事故。根据人体工程学原理，栏杆垂直净距应不小于0.11米，才能防止儿童钻出。此外，栏杆上放置花盆，还可能发生坠落伤人事故。为此，规范提出，阳台栏杆设计必须采用防止儿童攀登的构造，阳台栏板或栏杆净高不应低于1.10米，栏杆的垂直杆件间净距不应大于0.11米，放置花盆处必须采取防坠落措施。

6.卧室起居室净高不应低于2.50米

2.80米层高的规定，在全国执行已有多年。但近年来，随着经济水平不断提高，越来越多居住者希望在住宅中设置中央空调、新风系统、地暖系统等设备。这些设备本身需要占据一定的空间高度。因此，北京市此次公布的新标准，比现行国家规范的规定略有提高。规范提出，卧室、起居室的室内净高不应低于2.50米，比现行国家标准提高了10厘米。

除了对层高明确限定，对日照也提出了具体要求。规范提出，每套住宅应至少有一个居住空间能获得冬季日照。

此外，规范还提出，新建住宅应实施全装修，提高住宅产品的完成度。建筑设计与装修设计应同步进行并一体化实施。

7."四层及以上"新建住宅必须设电梯

多高的住宅楼应该设置电梯，是百姓一直以来关注的热点之一。按照国家规范规定，七层及七层以上住宅或住户入口层楼面距室外设计地面的高度超过16米时必须设置电梯。但考虑到北京市已经步入老龄化社会，为了适应社会对无障碍设施的多元化和高标准需求，此次公布的新标准将设置电梯的高度定为了"四层及以上"的住宅。规范提出，四层及四层以上新建住宅建筑或住户入口层楼面距室外设计地面的高度超过9米的新建住宅建筑，必须设置电梯，每个设置电梯的居住单元应至少设有1台可容纳担架的电梯。

而当楼层达到十二层甚至更高时，设置电梯不应少于两台；楼层达到二十五层及以上，同时单台电梯服务户数大于90户时，每栋楼设置电梯不宜少于三台。设置电梯的住宅，每居住单元至少应设置1部能直达户门层的无障碍电梯。

电梯不应紧邻卧室布置。当受条件限制，电梯不得不紧邻兼起居的卧室布置时，应采取隔声、减震的构造措施。

8.住宅内宜设置火灾自动报警装置

根据北京市消防救援总队统计，近年来通过大力推广住宅加装独立式感烟探测器，成功报警并挽救生命的案例很多。按照规定，老年人建筑应设置火灾自动报警系统。

考虑到今后养老的方式更多地会采用居家养老的模式，因此，规范提出，住宅建筑套内宜设置火灾自动报警装置，其中包括火灾探测器或火灾声警报器，以此提高住宅建筑火灾的预警能力，避免由于老年人行动的不便延误报警，带来不必要的伤亡。

访客对讲系统应与火灾自动报警系统联动，当发生火警时，自动解除电子门锁控制。当发生火警时，疏散通道上和出入口处的门禁也应能集中解锁或能从内部手动解锁。

　　住宅套内还应设置紧急呼叫装置，紧急呼叫装置的报警信号应传输至安防中心。首层、二层及顶层等易于被入侵的住户套内、户门、阳台及外窗等处应设置安全防范设施。如采用入侵报警探测装置，报警信号应能发送给业主或小区物业管理中心。

第十一章
项目定价策划

💡 【章前概述】▶▶▶--

　　房地产项目定价操作的好坏直接关系到楼盘销售的成败，价格是房地产市场中最活跃、最敏感、最重要的因素之一。定价策划是指开发商为实现其经营目标而对房地产产品的价格制定和价格调整等方面进行的规划。

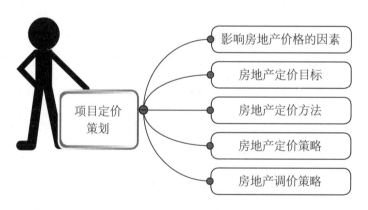

📋 【内容解读】▶▶▶--

一、影响房地产价格的因素

　　房地产价格受各种因素的影响而发生变动，要掌握房地产价格的运动规律，必须弄清影响房地产价格的因素。根据各种影响房地产价格因素自身的性质，可以将其分为图11-1所示的几种因素。

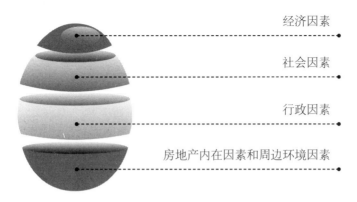

经济因素

社会因素

行政因素

房地产内在因素和周边环境因素

图 11-1　影响房地产价格的因素

1. 经济因素

影响房地产价格的因素主要是国家、地区或城市的经济发展水平、经济增长状况、产业结构、就业情况、居民收入水平、投资水平、财政收支、金融状况。

这些因素会影响房地产市场的总体供求，特别是影响需求。通常来讲，一个地区的经济发展水平越高，经济增长越快，产业结构越合理，就业率、收入水平和投资水平越高，财政收入越多，金融形势越好，房地产市场需求就越大，房地产价格总体水平也越高。反之，房地产价格总体水平越低。

比如，沿海地区与内陆，北京、上海、广州、深圳等大城市与一般城市之间，房地产价格水平有较为显著的差异，这也主要是由于这些城市之间，在以上经济因素方面存在的明显差异所造成的。

2. 社会因素

影响房地产价格的社会因素包括人口、家庭、城市形成历史、城市化状况、社会治安、文化与时尚等。其中，人口因素包括人口的数量、密度、结构（如文化结构、职业结构、收入水平结构等）；家庭因素是指家庭数量、家庭构成状况等；文化与时尚主要是指文化氛围、风俗习惯、大众心理趋势等。

社会因素对房地产价格的影响作用是相当复杂的，它的作用方式不如经济因素那样直截了当，作用过程也比较长，是一种渗透性的影响。

比如，人口密度的提高，一开始会造成房地产需求的增加，引起房地产价格上升，但发展到一定程度，则会造成生活环境恶化，有可能引起需求量减少，房地产价格下降。

3.行政因素

行政因素主要是指国家或地方政府在财政、税收、金融、土地、住房、城市规划与建设、交通治安、社会保障等方面的一些制度、法规、政策和行政措施。

比如，城市规划对一块土地用途的确定，决定了这一地块的价格的基本水平。

4.房地产内在因素和周边环境因素

这个因素主要是指房地产自身及其周边环境状态，如土地的位置、面积、形状，建筑物的外观、朝向、结构、内部格局、设备配置状况、施工质量，以及所处环境的地质、地貌、气象、水文、环境污染情况等。

首先，房地产自身的内在因素对房地产的生产成本和效率起着重大的制约作用，从而影响着房地产的价格。

比如，地价上涨，建筑材料涨价，会带来成本推进型房价上升。

其次，房地产的使用离不开其周围的环境，因此房地产周边环境的因素，也影响房地产的价格。

比如，位于公园、绿地旁边的住宅，由于其安静、空气清新、风景怡人的环境，价格往往也较高，而如果住宅紧临高速公路、机场等噪声源或垃圾处理场、臭河边等视觉、空气污染源，则价格就低。

二、房地产定价目标

定价目标是整个价格策划的灵魂。一方面，它要服务于房地产项目营销目标和企业经营战略；另一方面，它还是定价方法和定价策略的依据。房地产定价目标一般有图11-2所示的几种不同形式。

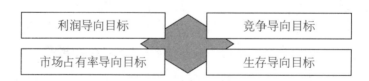

图 11-2　房地产定价目标

1.利润导向目标

利润是一个综合性很强的指标，影响因素众多，定价时需要结合企业和项目的内部条件和外部环境，将市场因素和企业的经营战略有机结合，在可行的基础上实现利润导向目标。利润导向目标分为图11-3所示的三种定价目标。

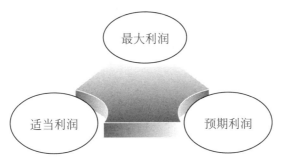

图 11-3　利润导向目标的分类

2. 市场占有率导向目标

市场占有率导向目标是指在一定时期内，房地产企业或项目的销售量占当地同类房地产产品市场销售总量的比例。提高市场占有率步骤如图11-4所示。

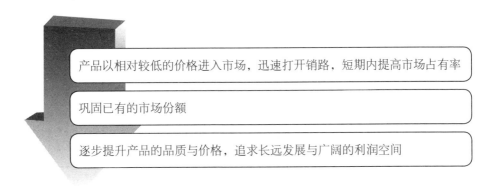

图 11-4　提高市场占有率的步骤

小知识

市场占有率导向不是最终的目的，而是获得长远利益的重要手段。

3. 竞争导向目标

竞争导向目标是指以市场中对产品价格有决定性影响的竞争对手或市场领导

者的价格为基础，采取高于、等于或低于竞争对手的价格作为本项目的定价目标。

4. 生存导向目标

当市场竞争激烈、企业面临经营困难时，维持生存比获得利润更重要。生存导向目标是特殊、短期的定价目标。

三、房地产定价方法

房地产价格是由房地产的有用性、房地产的相对稀缺性，以及对房地产的有效需求三者相互结合而产生的，是为获得他人房地产所必须付出的代价，通常用货币来表示。

一般情况下，房地产项目的定价有图11-5所示的四个方法。

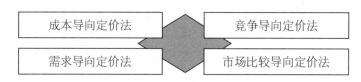

| 成本导向定价法 | 竞争导向定价法 |
| 需求导向定价法 | 市场比较导向定价法 |

图 11-5 房地产产品的定价

1. 成本导向定价法

成本导向定价法是以产品为中心，按照卖方意图定价的方法。其基本思路是在单位产品成本的基础上加上开发商预期利润作为销售价格。优缺点如图11-6所示。

优点 着眼于项目成本与预期利润，不必根据市场需求的情况经常调整价格，可以简化定价工作以及保证项目获得正常利润，适合于市场因素稳定的情况

缺点 没有考虑市场需求和市场竞争的情况，成本有时并不是决定价格的主要因素

图 11-6 成本导向定价法的优缺点

2. 需求导向定价法

需求导向定价法是以消费者需求为中心，根据目标客户的认知价值以及对价

格的承受能力为依据的定价方法。其优缺点如图11-7所示。

能够以消费者需求为中心，只要实际定价低于消费者的期望价格，就会被消费者认为是物超所值

对消费者的心理预期价格估计比较困难，需要通过与消费者进行充分的沟通、掌握大量的市场调查数据并进行整理、分析和研究，了解消费者的价值认知

图 11-7　需求导向定价法的优缺点

3. 竞争导向定价法

竞争导向定价法是以竞争项目的价格为核心，为应付市场竞争的需要而采取的特殊定价方法。具体可分为图11-8所示的三种方法。

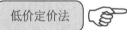
价格上与周边竞争性项目形成优势，该定价方法目的是要提高市场占有率，适合于市场竞争激烈、品牌知名度不高以及项目本身没有明显优势的中低档楼盘

指以超过同类房地产市场水平的价格定位方法，适合高档项目等

指按照行业平均水平来确定产品价格的方法，是一种比较稳妥的定价方法

图 11-8　竞争导向定价法的分类

小知识

运用低价定价法的前提是市场容量大、需求弹性大，适当降价就可以在很大程度上扩大销售量，实现薄利多销。

4. 市场比较导向定价法

市场比较导向定价法是指根据影响产品的各种因素及周边类似楼盘的定位情况来评估本项目产品价格的方法。

市场比较导向定价法的大致步骤如图11-9所示。

1 确定市场调查的范围和重点

2 对本项目及比较楼盘的价格影响因素进行分析，并确定各个因素的权重

3 对本项目以及比较楼盘的价格因素逐项比较打分

4 对按照各个影响因素得到的产品价格进行加权，平均得出本项目的销售价格

图 11-9　市场比较导向定价法的步骤

四、房地产定价策略

房地产定价是操纵市场的强有力杠杆，是兑现开发商利润的关键环节。房地产定价策略主要分为开盘定价策略、过程定价策略、时点定价策略及尾盘定价策略。

1. 开盘定价策略

在整个价格策略中，开盘定价是第一步，也是最为关键的一步。事实证明，好的开端往往也意味着成功了一半。开盘定价策略主要有图11-10所示的三种形式。

图 11-10　开盘定价策略

（1）低价开盘策略。低价开盘策略是指新开盘以低于市场行情的价格销售，以吸引市场和消费者的关注，迅速打开市场。

低价开盘策略有两种模式，如图11-11所示。

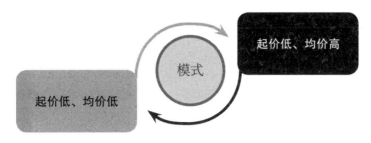

图 11-11　低价开盘策略的模式

低价开盘策略的优缺点如图11-12所示。

（1）能够迅速聚拢人气，扩大项目知名度，提高销售人员的信心及市场占有率
（2）能加快资金回笼速度
（3）能够阻止竞争对手的介入，有利于控制市场
（4）便于日后的价格控制，掌握价格调整的主动权

（1）项目前期利润不高
（2）低价的形象不利于企业和项目形象的提升

图 11-12　低价开盘策略的优缺点

小知识

低价开盘策略适用于项目定位档次不高、产品无明显特色、开发成本与预期利润较低、市场上同类产品竞争激烈或规模较大的项目。

（2）高价开盘策略。高价开盘策略是指在短期内获取最大利润而对新开楼盘以高于市场行情价格销售的策略。高价开盘策略的优缺点如图11-13所示。

小知识

该策略适用于项目档次较高、价格弹性较小、产品特色明显、综合性能较佳、开发商形象较好的项目。

（1）有利于获得最大利润和树立项目的品牌形象
（2）后期如果调低价格可使消费者感到一定的实惠

 （1）价格高，难聚集人气，容易形成有价无市的局面
（2）影响楼盘的销售速度
（3）日后价格调动的余地较小

图 11-13　高价开盘策略的优缺点

（3）中价开盘策略。中价开盘策略是指新开楼盘以对买卖双方都有利的价格来销售的策略。其优缺点如图11-14所示。

 （1）既能避免高价策略具有的市场风险，又能避免低价策略带来的利润损失
（2）由于价格稳定，盈利目标能按期完成

 价格策略保守，市场占有率和利润率不高

图 11-14　中价开盘策略的优缺点

2. 过程定价策略

由于定价工作复杂，市场销售环境多变，房地产企业应在营销过程中采取一定的价格策略。过程定价策略主要有图11-15所示的三种形式。

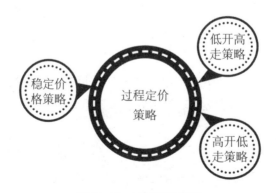

图 11-15　过程定价策略

（1）低开高走策略。低开高走策略是指随着销售进展，按照预定的幅度调高售价的策略。这是比较稳妥和理性的定价策略，也是目前常见的过程定价策略。具体如表11-1所示。

表 11-1 低开高走策略

序号	特性	具体说明
1	优点	（1）价廉物美是每个购房者的愿望，一旦价格比消费者的心理价格低，给消费者以实惠感，就容易聚集人气 （2）能制造产品不断升值的印象，给消费者信心 （3）开发商具有价格调整的主动权，开发商根据市场状况反应灵活操控价格
2	缺点	（1）如果提价速度过快、幅度过大会使后期销售失去空间 （2）前期的低价可能会降低开发商的利润 （3）低价给人"便宜没好货"的感觉，损害楼盘形象
3	适用范围	（1）项目总体素质一般，无特别卖点 （2）郊区大盘或超大盘 （3）同类产品供应量大

（2）高开低走策略。在高开低走策略中，高开的是为了快速获利，低走是为了全部售出。高开低走策略的特点如表11-2所示。

表 11-2 高开低走策略

序号	特性	具体说明
1	优点	（1）便于获取最大的利润 （2）高价未必高品质，但高品质必然需要高价支撑，因此容易形成先声夺人的气势，给人以楼盘高品质的展示 （3）由于高开低走，价格是先高后低，或者定价高折扣大，消费者也会感到一定的实惠
2	缺点	（1）价格高难以聚集人气，难以形成抢购风 （2）高开低走对前期的消费者非常不公平，造成贬值的感觉，对开发商形象有影响 （3）房地产市场的升值保值性，客户有买涨不买跌的心理
3	适用范围	（1）高档商品房，开发商在高价开盘后取得成功，降价将剩余产品迅速销售 （2）整体市场行情处于衰退时期或者高价开盘未能达到效果

（3）稳定价格策略。稳定价格策略是指整个销售期间，楼盘价格基本保持稳定。一般适合用于开发规模较小、市场行情稳定的项目。

3. 时点定价策略

时点定价策略是指以销售价格为基准，根据不同的销售情况给予适当调整各出售单位价格的策略。时点定价策略有图11-16所示的几种形式。

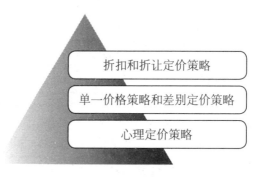

图 11-16　时点定价策略

（1）折扣和折让定价策略。折扣和折让定价策略是指在原定价格基础上减收一定比例款项的定价策略。主要有图11-17所示的三种形式。

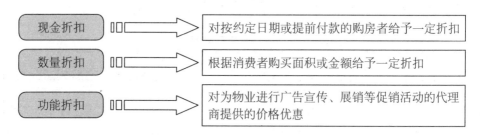

图 11-17　折扣和折让定价策略

（2）单一价格策略和差别定价策略。单一价格策略是指不分楼层、购买数量、购买对象，所有销售单元采用统一价格。差别定价策略是指根据不同单元、不同消费群体、不同用途、不同交易对象（如中间商、消费者）制定不同的价格。

（3）心理定价策略。心理定价策略是为适应和满足消费者的购买心理，对销售价格进行微调，以期加快销售进度或提高销售利润。通常包括图11-18所示的几种形式。

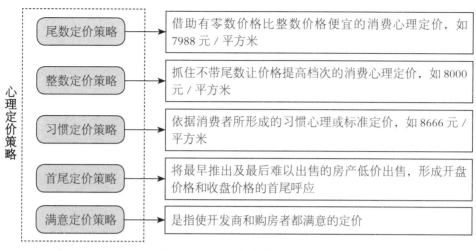

图 11-18 心理定价策略的形式

4. 尾盘定价策略

降价销售是处理尾盘的主要手段，分为明降和暗降。明降可能造成项目形象的贬值，因而更多采用暗降。

比如，降低首付、免物管费、送装修、送花园、送电器等，或对特定客户推出特价房等。

五、房地产调价策略

房地产项目的价格调整策略，是指在房地产项目整体定价确定的前提下，在销售过程中，采取何种策略，根据房地产项目及市场的发展情况，引导价格发展走势的价格方案。

1. 调价原因

一般来说，调价原因如图11-19所示。

2. 调价类型

从价格整体趋势看，

房地产项目的开发经营成本发生很大变化

政府的调控政策对房地产市场产生很大的影响

市场竞争情况发生了很大的改变

原先定价不合理，不能充分反映产品价差和价格水平

为了更好地营造销售气氛，迎合客户的心理价位

图 11-19 房地产调价原因

调价类型分为提价和降价。从调价的主体看，调价类型分为主动调价和被动调价。

3. 调价时机

房地产调价的时机一般有以下两种。

（1）根据工程进度调价。根据工程进度调价的时机主要如图11-20所示。

图 11-20　根据工程进度调价的时机

（2）根据销售进度调价。当项目聚集了足够的市场人气后，为进一步制造销售热潮，房地产企业可用调高价格的方式对犹豫中的客户形成压迫感。

4. 调价方式

房地产调价方式一般有图11-21所示的两种。

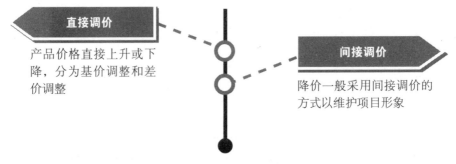

图 11-21　房地产调价方式

5. 调价技巧

调价技巧主要是指提价技巧和降价技巧这两个方面。

（1）提价技巧。房地产企业若要对房地产产品提价，可采取图11-22所示的技巧。

1	必须掌握好调价频率和提价幅度。调价频率以能够吸引市场注意和消费需求为标准。调价幅度是"小幅递增"，每次提价幅度应该在3%～5%
2	提价是要配合以新的概念或卖点，以增强提价的说服力，刺激市场信心
3	提价一般存在一个销售断层期，如果项目没有特别的概念支撑，必须准备适当促销补救措施来作为过渡
4	调价顺序一般是调整已售房屋的价格，借此拉大与剩余产品的价差，增加剩余产品的升值空间，促进剩余产品的销售
5	提价要精心策划、高度保密，以求出奇制胜的效果
6	提价后要加大对已购客户的宣传，使其认识到物业已经升值，形成良好口碑

图 11-22　提价技巧

（2）降价技巧。房地产企业若要对房地产产品降价，可采取图11-23所示的技巧。

1	降价一般只针对剩余产品进行，以免引发已购客户的不满
2	对于直接降价的方式，降价幅度要合宜
3	尽量避免直接降价的方式，可以采用相对隐蔽的降价方式
4	不管是主动还是被动调价，在调价之后都必须关注甚至预测消费者和竞争对手对调价的反应，以便采取应对措施

图 11-23　降价技巧

第十二章
项目广告策划

💡 【章前概述】 ▶▶▶ --

　　房地产广告策划不但是建造与地产销售的桥梁，更是楼房品质的具体延伸。通过广告，房地产企业可以更好地把房子推广出去。

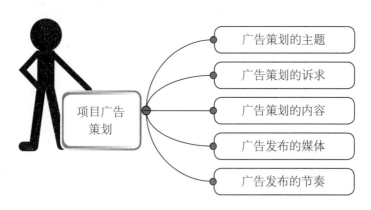

【内容解读】 ▶▶▶ --

一、广告策划的主题

　　广告主题是贯穿广告活动过程的中心思想，是房地产项目主题和营销主题在广告活动中的具体体现，广告主题是对项目主题和营销主题的辅佐和支持。房地产广告的主题体现在图12-1所示的两个方面。

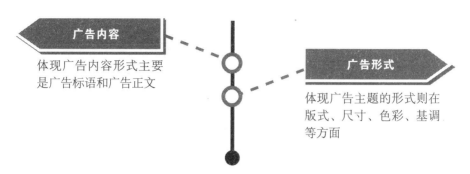

图 12-1　广告主题的体现形式

　　房地产广告主题众多，形式多样，有些侧重于务实的主题，有些则比较务虚。为达到一气呵成的宣传效果，广告主题与广告风格应该具有一定的连贯性和一致性，最好采用系列广告的表现形式。

　　策划房地产系列广告应按图12-2所示的要求。

1 系列广告要有一个统一的整体形象，系列广告的版式、色调、风格等应该保持一致

2 系列广告的标语与正文可以有所变化，但一般应该围绕广告的主题展开，并且在标题构词形式上也应该保持一致

3 如果项目具有多个卖点，可以采用分级标题的形式，主标题表现项目的主要主题和卖点，下级标题表现次要卖点

4 一组系列广告的时间间隔不能太长，否则会失去一气呵成的整体广告效果

图 12-2　策划房地产系列广告的要求

二、广告策划的诉求

　　广告诉求是指广告要告诉受众的是什么，是广告的切入点，是对广告卖点的提炼与深化。广告策划的诉求分为理性诉求和感性诉求，具体如图12-3所示。

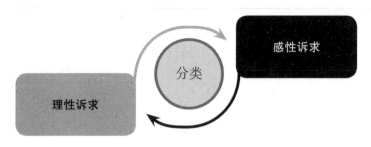

图 12-3　广告策划的诉求分类

1. 理性诉求

理性诉求指的是强调消费者对房地产产品实际的、功能性的需求及拥有该产品后对消费者具有何种实际利益与好处，如地段、价格、户型、环境、交通、配套等元素。

2. 感性诉求

感性诉求是指通过描述广告中的人物或家庭购买使用该产品后得到的精神满足和情感收获，从而打动和吸引消费者。

三、广告策划的内容

一份完整的房地产广告所要表现的内容包括图12-4所示的信息。

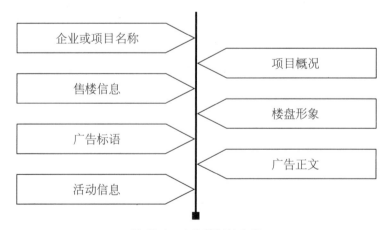

图 12-4　广告策划的内容

1. 企业或项目名称

企业或项目的名称通常还包括企业和项目的标示。

2. 项目概况

项目概况主要包括开发商、发展商、设计单位、施工单位、策划推广机构、项目位置等信息。

3. 售楼信息

售楼信息主要包括项目地址和销售电话等。

4. 楼盘形象

房地产企业在采用建筑物形象来表现楼盘形象时，需注意以下问题。

（1）楼盘形象不一定以整栋建筑物的全貌来表现，也可以将重点放在某种建筑符号和建筑细部上，将这些细部元素突出放大，就具有强烈的艺术效果。

（2）如果要表现建筑物的整体形象，最好将周围的景观或者其他的建筑物结合起来，展现一个错落有致的建筑群落。

（3）如果建筑物本身在风格、造型等方面的特色不明显，那就将建筑物的形象放在一个相对次要的位置，甚至可以取消建筑物形象。

（4）在表现楼盘形象尤其是景观环境时，房地产广告通常喜欢采用大画面、大视角、大片绿色，其实与建筑细部能够体现建筑物形象一样，一些细微的、鲜活的细节，如一朵花、一滴露水、早晨的一缕阳光等能够体现生机盎然的优美环境。

5. 广告标语

广告标语是整个房地产广告文案的精华，能够起到概括和提示广告内容、突出产品的特殊优势、吸引消费者购买兴趣的作用。由于广告标语字数不多、语言简练，因此要反映项目最主要的优势，一个项目即使有很多优势，一般也只选择其中最重要的一个来表现。

6. 广告正文

广告正文是对广告标题所表现的项目特色与优势进行进一步介绍、说明、解释和实证的文字。一则广告所包含的内容不能太多，否则不仅将造成版面拥挤，使广告宣传的重点不够突出；而且会降低读者的兴趣与注意力，影响总体宣传效果。

7. 活动信息

活动信息通常包括开盘、促销等其他活动的信息。

四、广告发布的媒体

广告媒体是房地产企业与目标消费群联系的中介，是信息传播的载体。

1. 媒体类型

房地产企业发布广告时，可选择的媒体如图12-5所示。

图 12-5 广告发布可选择的媒体

（1）印刷媒体。印刷媒体分为报纸广告、杂志广告、传单海报三种，其优劣势对比如表12-1所示。

表 12-1 印刷媒体的分类

对比	报纸广告	杂志广告	传单海报
优点	（1）发行量大，覆盖面广 （2）报纸发行具有明确的地域性 （3）信息传播速度快，实效性强 （4）信息量大，图文并茂，符合房地产产品的信息传递特点 （5）方便客户上班时间咨询 （6）报纸方便携带，便于保存 （7）报纸通常每日出版，易于发展系列广告	（1）目标客户单一，针对性强，尤其适合目标客户单一的高端项目 （2）印刷精美，制作水平高，对读者有较强吸引力 （3）信息量大，广告寿命长 （4）具有收藏和反复阅读性	（1）费用低廉 （2）通过人员散发，广告触及面广

续表

对比	报纸广告	杂志广告	传单海报
缺点	（1）广告时效短 （2）广告成本相对较高 （3）受《广告法》限制，部分广告手段及广告内容不能表现 （4）与楼书相比，图文信息量不足 （5）印刷质量较差	（1）广告周期长，时效性差 （2）读者群体比较单一，尤其是专业杂志	（1）具有一定的强迫性，容易引起客户反感 （2）客户的重视度不够，往往一拿到手就扔掉

（2）视听媒体。视听媒体有电视广告和电台广告两种，具体如表12-2所示。

表 12-2 视听媒体的分类

对比	电视广告	电台广告
优点	（1）广告覆盖面广，信息不受时空限制，诉求能力强 （2）具有视听双重功能 （3）广告选择性强	（1）信息传播迅速、及时 （2）广告内容灵活性高 （3）广告选择性强，可在不同时期和时间段播出 （4）制作简单，费用低廉
缺点	（1）广告时间短 （2）广告费用高 （3）广告信息少	（1）信息很难保留 （2）信息量少 （3）表现形式少，缺乏视觉冲击

（3）户外媒体。户外媒体包括路牌、灯箱、条幅、车厢及飞行物等，一般布置在城市主要交通路口、人流汇集地、产品所在地及大型建筑物等处。

户外媒体的优缺点如图12-6所示。

（1）规模大、展示时间长，特别适合开发规模大、开发时间长的项目，容易引起注意
（2）广告费用低

（1）广告覆盖区域小
（2）信息量较少

图 12-6 户外媒体的优缺点

（4）网络媒体。网络媒体的优缺点如图12-7所示。

优点
（1）实效性强，企业可以随时发送更新的消息
（2）广告成本低，表现手法灵活，不受地域限制
（3）信息量大，传播速度快

缺点
受众以年轻人为主，对于没有上网习惯的消费者没有效果

图 12-7　网络媒体的优缺点

2. 媒体的选择

（1）媒体选择应具有针对性。房地产企业在选择媒体发布广告前，应研究产品的特点、根据消费者的习惯及消费者心理特征进行选择。

据调查，阅读报纸的男性超过女性的一倍，而影视广告对女性的影响更大，因此房地产企业应根据女性消费者的消费心理，将电视广告主要集中在感性诉求方面，而将报纸广告集中在理性诉求方面。网络媒体主要以上网的白领中青年为主。

（2）媒体应该综合运用。各种广告媒体各有特色，要取得更好的广告效果，应该综合运用各类媒体的推广渠道，使得在一个特定的广告时间段内给目标客户轮番的信息宣传。

五、广告发布的节奏

广告发布需要掌握一定的节奏，一般来说，有图12-8所示的四种方式可供选择。

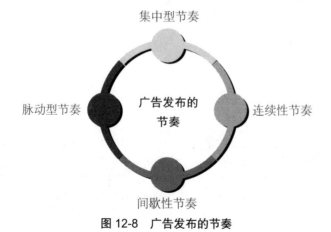

图 12-8　广告发布的节奏

1. 集中型节奏

集中型节奏是指广告主要集中于一段时间发布，在短时间内形成强大的广告攻势。其优点是可以在短时间内就能给消费者强烈而有效的刺激。但如果广告未能达到预期效果，则很难进行补救，因此时机选择非常重要，如项目开盘、结构结顶和项目竣工等节点就非常合适。

2. 连续性节奏

连续性节奏是指在一定的时期内连续均匀安排广告的发布，是项目广告反复在目标市场上出现，以达到逐步加深消费者印象的节奏形式。其优点是能够不断刺激消费者，但由于广告费用有限，可能无法维持大规模、长时间的广告攻势。

3. 间歇性节奏

间歇性节奏是指间断进行广告发布的方式，跟连续广告节奏的区别在于广告间隔的时间不是均匀分布的。

4. 脉动型节奏

脉动型节奏是连续性和间歇性的综合，即在一段时间内不断保持广告的发布，又在其中某些时机加大发布的力度，形成广告攻势的形式。

【行业参考】▸▸▸

××房地产广告策划方案

一、项目概况

略。

二、市场分析

略。

三、广告战略

（一）广告目标

1. 造市

制造销售热点。

2. 造势

（1）多种媒体一起上，掀起立体广告攻势。

（2）大范围、全方位、高密度传播售楼信息，激发购买欲望。

（3）扩大"××田园区"的知名度、识别度和美誉度。

（4）提升企业形象。

（5）一年之内销售量达到80%以上。

（二）广告对象

（1）好玩好动的××及主城区的幼儿、儿童、少年。

（2）对现代娱乐公园情有独钟的××及周边地区青年。

（3）喜欢到郊外的绿色果园环境中旅游观光、休闲度假的、收入较好的主城区居民。

（4）喜欢在大自然的环境中赏花、品茶、垂钓、养鸟的××中老年人。

（5）喜爱周末公园休闲、通俗文化演出、节日游园活动的××及周边地区居民。

（6）具有怀旧情结、回归自然心愿、喜好一点农活类劳动体验的主城区居民。

（7）乐意居住在绿色园林中的、消费水准较高的××及主城区居民。

（三）广告地区

着重在××这个城市及周边地区。

（四）广告主题

（1）每天生活在水果的世界里

创意如下。

选用孙悟空在花果山水帘洞的情景。利用FLASH动画的方式展现孙悟空在那里的逍遥自在，然后跳到××田园区的画面与此相比，有如回到了当时的时代里，最后，××田园区，你也每天活在水果的世界里。

（2）回到家，就是度假的开始

创意如下。

一个怀了7个月的孕妇对刚下班回家的老公："老公，我在家里好闷，我要去度假。"

老公："行，马上带你去。"

上了车，没过多久就到了。

他们来到了一个仿佛世外桃源的果园里，而且这里有新颖独特的建筑楼房。孕妇看到此情此景，脱口而出："老公，我要在这里住一辈子！"

老公："没问题。"孕妇："真的可以吗？"老公："当然，因为我早就在这为你买了一套你一定会满意的房子。"孕妇："哇，你好棒呀！！！我每天都可以度假了！！！"老公："回到家，就是度假的开始。"你想每天都能度假吗？就到××田园区。

（五）广告实施阶段

（1）第一期——试销阶段（三个月）

行为方式：新闻运作、广告

① 新闻运作是利用新闻媒介替我们作宣传。这种方式近年来被明智的地产商所采用。新闻的力量远远大于广告的影响，而且少花钱，多办事，容易形成口碑，引起广泛注意。

② 大造声势。对××市本地目标市场采用密集轰炸式的广告宣传，各种媒体一起上，采用多种促销手段，造成立体广告攻势。以图一举"炸开"市场。

③ 让受众和消费群了解物业的基本情况，同时塑造发展商的良好公众形象。

④ 在首期宣传中，让40%的目标客户知道××田园区，并在心目中留下深刻印象。

⑤ 以内部认购为先声，以优惠的价格和条件进行首轮销售，销售量达到10%。

⑥ 吸引目标对象注意，诱导20%的目标顾客采取购买行动。

⑦ 及时总结经验和教训，对第二期销售计划进行补充、调整和完善。

（2）第二期——扩销阶段（三个月）

行为方式：新闻、广告、营销

① 乘第一期广告之余威，保持其热度不要降下来，继续采取宽正面立体推广，巩固已有成绩，吸引目标受众更多的注意，变潜在客户为准备购买群。

② 一期的承诺已经兑现，要倍加珍惜已有的市场口碑，在园林风的大主题下，鼓励和引导更多的人来买××田园区。

③ 此时前来看房和参观售楼处的人相应增多，广告投其所好，不失时机地扩大市场占有率。销售服务一定要跟上去。

④ 继续吸引目标受众，注目率已达40%左右，并形成一定口碑。

⑤ 合力促进销售，引导30%的目标顾客采取购买行为，并继续产生边际效应。

（3）第三期——强销阶段（四个月）

行为方式：新闻、广告、营销

① 充分利用新闻的巨大效应，变广告行为为新闻行为，让记者和报纸的新闻版为售楼服务，评论、专访报道、特写等新闻手法充分加以利用。

② 部分客户进行现身说法，谈××别墅区的好处，增加可信性。

③ 市场口碑已初步建立，老客户会引来新客户。让"××田园区"传为美谈，变成公众的社会话题。

④ 广告方面加大投入量，报纸电视在强度、广度和深度上做足文章。

⑤ 加强管理和服务，让售楼现场服务的软功变成硬功，抓住后效应不放。

⑥ 调动新闻的一切可以调动的手法和载体，进行深入宣传。

⑦ 合力吸引目标客户，引导30%目标顾客购买。

（4）第四期——巩固阶段（三个月）

行为方式：营销、广告

① 消化剩余楼盘，基本完成销售计划。

② 对前三期广告运动进行检验，对不足之处加以弥补和改进。

③ 细水长流，渗透式的广告行为。

④ 加强物业管理，贯彻始终的良好服务，树立业主的主人公观念。

⑤ 注意后效益和市场消费心理惯性。

⑥ 完善各项法律手续和文书文件，规范、科学、严谨地保证客户各项权益。

四、广告媒体策略

（一）主体媒体——报纸

策略如下。

（1）根据整体推广计划，前三期拟采用报纸为主要信息载体之一。

（2）第一期多用大中版面（半版或三分之一版）密集发布。

（3）第二期采用中小版面，逐渐拉大发布周期。

（4）第三、四期采用小版面，长线渗透。

（二）辅助媒体——电视

制作目的：塑造品牌形象。

市场目的：造市，促销。

播出媒体：××电视台（15秒广告片）。

　　××文体频道（20秒广告片）。

　　××生活频道（15秒广告片）。

五、广告预算分配

略。

六、广告效果预测

　　由于××房地产公司的田园区选在繁忙都市人都向往的环境清幽、绿意盎然、山清水秀、远离都市尘嚣的优雅山区，以及××公司新颖独特、独具现代与古典相结合的房屋设计，加上××公司全面的设计宣传，定能满足都市人享受世外桃源般的生活而产生热销，给××公司带来大额的利润收入，提高公司知名度，让公司在激烈的房地产市场竞争中站稳脚跟。

REAL ESTATE

房地产项目策划与实施从入门到精通系列

03

第 三 部 分

投资分析

REAL ESTATE

导言

经过前期的市场调研，通过房地产市场信息的收集、分析和加工处理，房地产企业可以寻找出其内在的规律和含义，以此来预测市场未来的发展趋势，可以帮助房地产企业掌握市场动态、把握市场机会或调整其市场行为。

1. 项目地块分析
2. 项目价值评估
3. 项目可行性研究
4. 项目投资成本估算
5. 项目资金筹措分析
6. 项目投资风险分析

第十三章
项目地块分析

【章前概述】 ▶▶▶--

正确判断和评估投资所在地的基本状况,从而选择最佳投资点,已成为投资者决策前的重要一环。

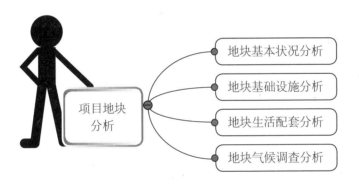

【内容解读】 ▶▶▶--

一、地块基本状况分析

地块基本状况分析的内容主要包括地理位置、面积、土地附着物分布、权属、地形地貌状况、水文地质条件、土地性质及其红线图、七通一平齐全、地块的历史研究等。

对地块的基本状况分析可以采用SWOT分析来进行,具体内容见表13-1。

表 13-1　项目地块基本状况 SWOT 分析表

基本资料			
项目	具体内容	项目	具体内容
地块名称		规划用地面积	
地块编号		容积率	
地理位置		建筑密度	
用地性质		使用期限（年）	
		土地使用权出让金	
地块 SWOT 分析			
优势分析（S） • 七通一平状况良好 • 交通便利 • 建筑规划设计较灵活 • 充裕的资金实力 • 分期开发环节未有资金压力 ……		**劣势分析（W）** • 地块周边基本配套设施不齐备 • 地块周边因有工厂而有污染 • 区域人文环境不佳 • 项目开发会对宗地周边的自然景观造成破坏 • 规划的道路投入时间待定 • 规划的道路投入使用后的交通压力偏大 ……		
机会分析（O） • 区域需求旺盛，房价持续走高 • 规划中的地铁 ×× 号线经过周边，升值潜力大 • 城市化进程加快，土地不断增值 • 区域待开发土地较多，易形成大规模的居住区 • 政府拟在此建大学城，教育资源渐趋完善 ……		**威胁分析（T）** • 城市化进程偏向地块的东北边 • 短期内区域市场的同类楼盘数量较多 • 政府大力加强本区内的保障性住房建设 • 周边项目的档次较低 ……		

二、地块基础设施分析

城市基础设施是既为物质生产又为人民生活提供一般条件的公共设施，是城市赖以存在和发展的基础。市政基础设施在成熟区域很少出现问题，而对于快速成长的中小城市和大城市的边缘地带，问题则比较复杂。

比如，在我国一些中小城市，城市长期以来只在一个很小的核心区域发展，市政基础设施只在这一中心地区比较完善。而近年来随着城市化速度加快，城市核心区已经不能满足其空间要求，迫切需要开拓新的土地用于城市建设，但却遇到了市政基础设施条件严重缺陷的瓶颈。这对于异地开发房地产项目的开发商是最应该谨慎对待的问题，必须事先调查清楚，避免已经开始开发才发现没有热力管线、没有煤气。这样的失误在目前是非常常见的。

因此，决策者分析房地产投资环境时，必须将市政基础设施作为一个非常重要的影响因素加以考虑。

从各国城市的发展来看，虽然性质和规模有所不同，但城市基础设施的构成大体相同，一般来讲主要包括图13-1所示的六大系统。

图 13-1 城市基础设施的构成

1. 城市能源系统

城市能源系统主要包括图13-2所示的三个子系统。城市能源系统在城市中的作用是发生和组织能源流循环，现代化城市能源系统具有安全、经济、舒适等特点。

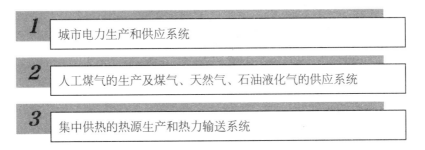

图 13-2 城市能源系统的组成

2. 城市水资源和供水排水系统

城市水资源和供水排水系统主要包括图13-3所示的四个子系统，其功能是组织水流及废水流循环。

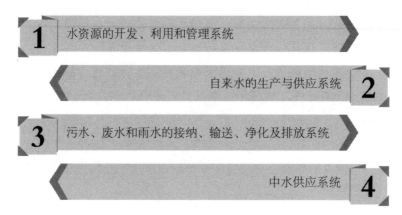

图 13-3　城市水资源和供水排水系统的组成

3. 城市交通运输系统

城市交通运输系统主要包括图13-4所示的三个子系统，其功能是建立城市整体与延伸的分支构架，组织人流、车流、物流等，现代城市交通系统应充分体现以人为本的设计理念。

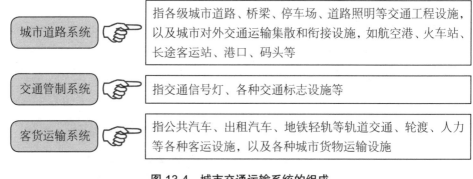

图 13-4　城市交通运输系统的组成

4. 城市邮电通信系统

城市邮电通信系统主要包括图13-5所示的两个子系统，其主要的功能是在城市系统中组织信息流循环。

5. 城市生态环境系统

城市生态环境系统主要包括图13-6所示的三个子系统，其功能作用是美化城市景观和净化生态环境。

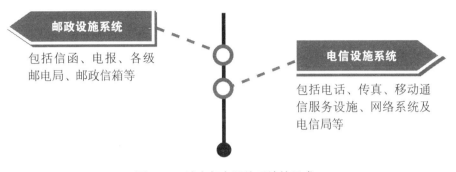

图 13-5　城市邮电通信系统的组成

图 13-6　城市生态环境系统的组成

6. 城市防灾系统

城市防灾系统主要包括图13-7所示的四个子系统，其功能是防护自然灾害和人为灾难。

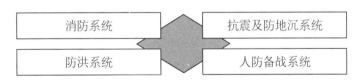

图 13-7　城市防灾系统的组成

以上6大系统构成了城市基础设施的整体，它们相对独立，又互相协调，从而保证了城市生产和生活的顺利进行。

三、地块生活配套分析

生活配套主要指项目周边区域的生活设施，如商场、饭店、娱乐场所、邮

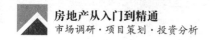
局、银行、医院、学校等。生活配套的完善与否决定了该区域生活氛围的优劣，对项目定位和开发策略有较大影响。

生活配套的水平和数量，反映了区域消费群体的层次和特点。在一个生活配套数量不足、经营规模小、层次低、品牌店缺少的区域，如果要开发高档社区，难度就比较大，而且难度大小与项目规模成反比，项目越小，逆配套环境水平操作的难度越大。

小知识

进行房地产开发，必须认真考察周边生活配套，不仅是要依据调查结果调整自己的物业配比，同时也要保证生活配套的水平和质量与所开发项目定位保持一致。

四、地块气候调查分析

房地产企业应通过对项目所在地区气候的调研，来掌握项目所在地区的基本状况。

1.调查方式

可以查找地区的《市志》及询问当地的气象台。

2.调查主要内容

房地产企业应对项目地块的温度、日照条件、风向、降雨量及湿度等方面的内容进行调查分析。

【行业参考】▸▸

××新区项目地块分析报告

一、项目概况

（一）地块位置

1.本项目共涉及两宗地块，其中008号地块东临××街，西临××街，南临××大街，北临××大街。

2.087-1号地块东临××路，西临××路，南临××大道，北临××大道。

（二）地块经济技术指标

略。

（三）地块周边环境

1.087-1号地块

（1）地块东北侧有水系穿过，此水系分别与北侧的内河公园及东南侧××公园相连。

（2）地块北侧隔××大道，三块规划综合用地环抱着的水系为××湖，××湖是东环水系的源头。由此再向北，即为规划中的××CBD。

（3）地块东西两侧，××路以西及××路以东目前规划均为居住用地。

（4）地块南侧目前规划为大规模的教育用地，地块东南方向为省级重点中学×中以及建设中的××大学附属第一医院××分院。

（5）地块周边区域内分布着四大主题公园：××公园、××生态公园、××公园以及体育公园，其中××公园、××公园（一期）已经于20××年完工，其他公园也已经开工建设，基本将于20××年内陆续完工。

（6）地块未来交通条件便利，经××第五、第六大道均可以直接抵达规划中的三环路并直通建设中的三环西桥。

2.008号地块

（1）地块东侧为已经建成的××××小区。

（2）地块北侧规划为居住用地，规划中的××公园也位于地块北侧。

（3）地块西侧目前规划为居住用地和教育用地。

二、区域整体规划

略。

三、区域市场分析

略。

四、地块SWOT分析

（一）优势

1.项目位于政府规划中重点发展的新区，区域整体规划完善，远期具有良好的发展潜力。

2.地块周边具有自然景观优势，087-1地块临近天然水系和四大主题公园，008号地块北侧为规划中的××公园。

3.087-1号地块东南方向临近优质的教育、医疗资源，以及省级重点中学某中和建设中的×××大学附属第一医院××分院。

4.20××年以来区域成为市场热点，发展前景被消费者广泛看好，多个项目市场表现良好。

（二）劣势

1.××新区基础设施建设目前仍然处于起步阶段，缺乏生活配套设施。

2.087-1号地块周边的市政道路目前并未完工，008号地块周边目前只有南侧的××大街是已经建成通车的市政道路，而其他几条道路都处于未完工或部分完工的状态，这将影响项目快速入市。

（三）机会

地块容积率比较低，拥有自然景观优势，适宜发展产品力较强的中低密度高端产品。

（四）威胁

1.坊间舆论认为20××年市领导进行调整后，城市新区的发展重点有可能由××重新转移到××，近期区域发展前景有一定的不确定性。

2.承接20××年市场热度，区域内20××年将有大批项目入市，未来将面临一定的市场竞争压力。

五、产品建议

1.地块容积率相对较低，建议将容积率进行拆分，设计包括叠拼别墅、多层花园洋房、高层住宅等多种产品的混合型社区。

2.先行推出低密度产品，树立社区高档品质，赢得溢价空间，随后推出高层产品，实现利润最大化。

六、结论

1.本项目现阶段周边市政设施与生活配套尚不完善，其中087-1号地块周边市政道路均没有建成，近期内入市条件不成熟。

2.两宗地块的容积率指标相对较低，都具有自然景观优势，随着区域内市政道路及其他配套设施的不断完善，未来具有发展潜力。

3.由于本项目的启动与入市时机与××新区市政道路及各项配套设施建设周期密切相关，在现阶段取得并持有本项目将有可能使公司面临资金压力风险。但从远期分析，××新区具有良好的发展前景，随着区域内各项市政配套与生活设施的完善，本项目未来将具有投资前景与利润空间。

第十四章
项目价值评估

【章前概述】▶▶▶--

　　房地产开发项目投资决策的核心就是对房地产企业开发项目投资的价值进行正确合理的评价，以确定项目是否可行，从而保证企业既能规避风险，又能把握投资机会。

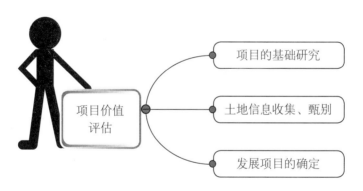

【内容解读】▶▶▶--

一、项目的基础研究

　　基础研究包含土地信息研究、宏观市场研究、城市规划动态研究、经济动态研究、政策法规研究、项目风险研究、公司战略研究和竞争对手研究等分项研究工作。

（1）各分项研究工作通常由项目发展部组织完成，应做到专项有专人负责，然后再充分利用内外资源，予以功能完善和健全。

（2）各分项研究工作需及时把握动态信息，应做到及时收集、及时分析，其研究成果可在即时报告中和以年度为节点的总结报告中体现。

（3）基础研究的成果最终应提炼作为三年经营计划外部环境分析的主要部分，并在此基础上制订公司房地产三年土地储备滚动计划，以指导土地储备工作的进行。

（4）基础研究需专人负责整个基础研究计划的制订、监督和基础研究库的整理，基础资料和研究成果需由该项负责人整理，经编号后放入各基础研究库归档。

二、土地信息收集、甄别

房地产企业需指定一人为土地信息负责人，专项负责土地信息的汇总、整理和总结等。

1. 土地信息收集的途径

土地信息的收集可通过图14-1所示的几种渠道进行。

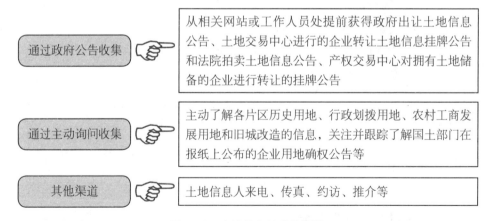

图 14-1　土地信息的收集渠道

2. 信息的甄别程序

了解到有效土地信息后填写土地信息采集表，并交由土地信息负责人汇总。房地产企业不定期分析各种土地信息，根据公司土地储备要求对土地信息进行初步判断，会议纪要由土地信息负责人记录并存档，会议结果报告项目发展部主管。

相关链接

如何识别有增值潜力的地块

房地产开发、投资，不外乎对三种类型的土地进行开发：未开发的土地、开发中的土地、已开发的土地。

1.未开发的土地

在未开发的土地上建设房屋，虽然土地价格便宜，建设费用也不比其他类地块贵，但建设中需要的配套资金却非常大。政府未在该地块形成完善的基础设施，所有基础设施开发商先自行完善，特别是综合管网部分，要达到排放标准，这种钱也是摸不着看不见的。如果该地与城市中心太远，其他管理如消防、治安等，开发商要花费很大人力、物力来维持，这种地块不是中小开发商能承担得起来的。如果城市扩展方向与拟投资的地块相一致，则增值空间较大，如城市不往该地发展，则该楼盘就成为开发商一大包袱。因此在这种地块上投资，风险大，同时利润也大。

2.开发中的土地

开发中的地块，是指完成了区域规划，具备基本的交通条件，水、电、气有保障，雨、污排放系统已形成，这类地块是有增值潜力的地块。在这种地块中开发，主要选择地块本身的质量和周边楼盘的档次，如周边均为高档楼盘，则这种楼盘增值潜力更大。

3.已开发的土地

已开发用地，是指土地已具备城市规模，这类土地常指旧城改造。在这种土地上进行开发，关键是要把政策研究透，把政府有关旧城改造的法律、法规吃透，最大限度地争取政府的优惠政策。如拆迁补偿、配套费、危旧房改造优惠政策等，这里有很多技巧，值得研究。这种地块是值得投资的。

选择较好的投资地块，主要是看投资者的经济实力，好的地块，投资后增值空间大，同时资金需用量也大。待开发地块，需要独具慧眼，一旦看准，增值空间也非常巨大，同时风险也大。

三、发展项目的确定

通过初步判断的土地信息进入发展项目确定阶段，原则上房地产企业应指定负责土地所在片区的市场拓展人员为项目负责人，接管后续工作，并通过土地信息采集表的形式将土地情况及时向公司领导报告；未通过的信息由土地信息负责人填写判断意见，存入土地信息库，并统一答复信息提供人，此后由土地信息负责人对该项土地的后续成交情况或条件变化情况加以跟踪。

1. 初步项目定位

项目负责人根据项目情况，可通过谈判等了解该项目的背景资料，初步判断项目用地购买操作方式，资料汇总后提请法律顾问提供意见，最终做出项目用地购买操作方式的判断。

（1）初步项目定位。项目负责人进行项目实地勘察和周边市场的简易调查，根据市场情况和项目特点做出初步项目定位，初步项目定位至少需包含图14-2所示的内容。

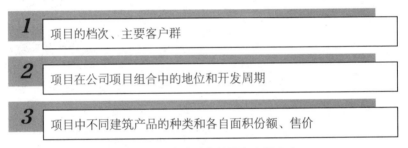

1　项目的档次、主要客户群

2　项目在公司项目组合中的地位和开发周期

3　项目中不同建筑产品的种类和各自面积份额、售价

图 14-2　初步项目定位需包含的内容

（2）特殊项目的处理。项目负责人可根据项目是否具有特殊性，进行后续处理，具体如图14-3所示。

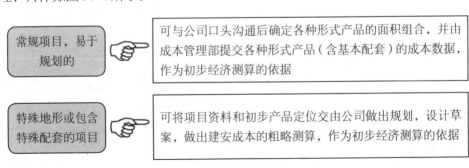

常规项目，易于规划的　➡　可与公司口头沟通后确定各种形式产品的面积组合，并由成本管理部提交各种形式产品（含基本配套）的成本数据，作为初步经济测算的依据

特殊地形或包含特殊配套的项目　➡　可将项目资料和初步产品定位交由公司做出规划，设计草案，做出建安成本的粗略测算，作为初步经济测算的依据

图 14-3　特殊项目的处理

2. 召开项目汇报会

项目负责人根据项目情况，做出初步经济测算结果，综合项目谈判后确定的操作方式，形成简易的初步汇报，经部门内部评审后，申请召开公司内部的项目汇报会。项目汇报会是由公司领导和参与论证工作的各部门人员参加的、判断项目能否确定并进入可行性研究程序的评审会议，会议内容如图14-4所示。

1 项目汇报会初步报告包括项目简介、周边环境和市场介绍、未来发展趋势和市场定位、法律及获得方式分析、设计要点和相应成本分析、公司策略和开发周期、经济效益测算等

2 项目负责人需提前将项目初步报告发给与会人员，为保密起见，土地方情况和重要谈判条件不能涉及

3 项目负责人根据项目情况，可确定参加会议各专业部门的人员，须提前通知

4 会议首先由项目负责人做介绍，并确定主题，由各专业部门进行讨论和论证，最后综合各部门意见

5 公司总经理最终决定项目是否进入可行性研究阶段，并根据各部门意见指导项目发展方向

6 项目经评审确定后，进入可行性研究阶段

图 14-4　项目汇报会的内容

第十五章
项目可行性研究

💡【章前概述】▶▶▶--

　　房地产可行性研究就是指在投资决策前，对与项目有关的市场、资源、工程技术、经济、社会等方面问题进行全面的分析、论证和评价，从而判断项目技术上是否可行、经济上是否合理，并对多个方案进行优选的科学方法。

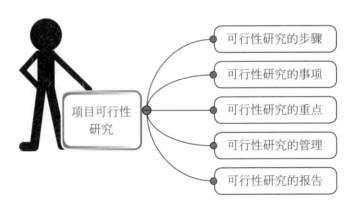

　🔍【内容解读】▶▶▶--

一、可行性研究的步骤

　　可行性研究是房地产开发决策分析过程中的重要步骤，它是房地产开发项目在投资前的决策研究。通过对开发项目的全面分析、论证，多方案的比较和评价，从而保证其技术上可行，建造能力具备，环境允许，经济上合理，效益显著。可行性研究可按图15-1所示的五个步骤进行。

图 15-1 可行性研究的步骤

1. 接受委托

在项目建议被批准之后，开发商即可委托咨询评估公司对项目进行可行性研究。双方签订合同协议，明确规定可行性研究的工作范围、目标意图、进度安排、费用支付办法及协作方式等内容。承担单位接受委托时，应获得项目建议书和有关项目背景介绍资料，搞清楚委托者的目的和要求，明确研究内容，制订计划，并收集有关的基础资料、指标、规范、标准等基本数据。

2. 调查研究

主要从市场调查和资源调查两方面进行。市场调查应查明和预测市场的供给和需求量、价格、竞争能力等，以便确定项目的经济规模和项目构成。资源调查包括建设地点、项目用地、交通运输条件、外围基础设施、环境保护、水文地质、气象等方面的调查，为下一步规划方案设计、技术经济分析提供准确的资料。

3. 方案选择和优化

根据项目建议书的要求，结合市场和资源调查，在收集到的资料和数据的基础上，建立若干可供选择的开发方案，进行反复的方案论证和比较，会同委托单位或部门明确方案选择的重大原则问题和优选标准，采用技术经济分析的方法，评选出合理的方案。研究论证项目在技术上的可行性，进一步确定项目规模、构成、开发进度。

4. 财务评价和综合评价

对经上述分析后所确定的最佳方案，在估算项目投资、成本、价格、收入等基础上，对方案进行详细财务评价和综合评价。研究论证项目在经济上的合理性和盈利能力，进一步提出资金筹措建议和项目实施总进度计划。

5.编制可行性研究报告

经过上述分析与评价，即可编制详细的可行性研究报告，推荐一个以上的可行方案和实施计划，提出结论性意见、措施和建议，供决策者作为决策依据。

二、可行性研究的事项

房地产开发项目可行性研究的事项，具体内容如图15-2所示。

市场可行性分析
规划方案优选
进度可行性分析
技术可行性分析

可行性研究事项

环境可行性分析
成本可行性分析
资金可行性分析
财务可行性分析
风险分析

图 15-2　可行性研究事项

1.市场可行性分析

市场可行性分析是指在深入调查和充分掌握各类资料的基础上，对拟开发项目的市场需求和供给情况进行分析和预测，具体如图15-3所示。

开发成本　市场售价　目标客户　开发周期

图 15-3　市场可行性分析的内容

2.规划方案优选

规划方案优选是指对可供选择的规划方案进行分析比较，选出最合理、可行的方案，对其进行详细描述，具体如图15-4所示。

3.进度可行性分析

进度可行性分析是指对项目开发进度进行合理安排，按照前期工程、主体工程、附属工程、验收等阶段进行安排，分析是否能够在计划交期前完成。

图 15-4　规划方案分析的内容

4. 技术可行性分析

技术可行性分析是指分析项目的技术参数、技术经济指标等，确定企业是否满足项目需求，列出技术难点，确定解决方案。

5. 环境可行性分析

环境可行性分析是指分析项目周围的自然环境、交通环境、人文环境等是否满足项目需求，并分析本项目对周围环境的影响。

6. 成本可行性分析

成本可行性分析是指估算项目的开发成本，包括土地费用、生产费用、管理费用、财务费用和各种税费等，预估项目收益，确定其能否达到项目预期。

7. 资金可行性分析

资金可行性分析是指根据项目的投资估算和投资进度安排，合理估算资金需求，拟订筹资方案，分析筹资成本，保证项目的正常运行。

8. 财务可行性分析

财务可行性分析是指根据国家现行财税制度、价格和相关法规，分析项目的盈利能力、偿债能力和外汇平衡等财务状况，考察项目的财务可行性分析，具体如图15-5所示。

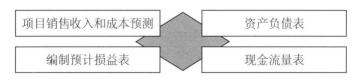

图 15-5　财务可行性分析的内容

9. 风险分析

风险分析是指分析影响投资效果的社会、经济、环境、政策、市场等因素，

了解项目潜在的风险，进行盈亏平衡分析、敏感性分析和概率分析。

三、可行性研究的重点

研究人员对房地产项目进行可行性研究，应抓住以下重点。

1. 地点选择与地块价值评价

房地产开发项目的地点选择和地块评价是对可供选择的地点和地块的条件和价值进行分析比较和评价。分析评价内容如图15-6所示。

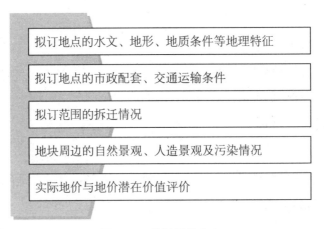

拟订地点的水文、地形、地质条件等地理特征

拟订地点的市政配套、交通运输条件

拟订范围的拆迁情况

地块周边的自然景观、人造景观及污染情况

实际地价与地价潜在价值评价

图 15-6　分析评价内容

2. 资金筹措分析

制订可靠或比较可靠的资金筹措计划，是开发项目实现预期目标的基本条件，是避免项目流产或夭折的根本保证，房地产企业必须高度重视，周密策划。凡在资金筹措无望的情况下，不必开展深度可行性研究。资金筹措计划主要是就项目投资的资金来源进行分析，包括自有资金、贷款和预售收入三部分。当资金来源中包括预售收入时，应有销售收入计划配合考虑。

3. 财务评价

房地产开发项目财务评价有静态法和动态法两种。对规模小、周期短的项目，可采用静态法。对规模较大、周期较长或资金来源渠道多、收支复杂或滚动开发的项目，应采取动态法。

（1）静态法。静态法是通过投资项目的总收入和总费用之间的比较，来计算开发项目的盈利和投资回报率数值，以此与同类房地产开发项目正常回报率相比较，以分析评价其经济合理性。静态法的评价指标有净利润投资收益率和静态投资回收期。

（2）动态法。动态法财务盈利能力分析，一般应以表15-1所示指标进行。

表 15-1　动态法财务盈利能力分析指标

序号	指标	指标说明
1	财务净现值（FNPV）	财务净现值是指按行业的基准收益率或设计的折现率ic，将项目经营周期内各年净现金流量折现到建设初期的现值之和，它是考察项目在经营周期内盈利能力的动态评价指标，其值可根据财务现金流量表计算求得。判别标准为FNPV≥0时，项目可行；FNPV＜0时，项目不可行
2	财务内部收益率（FIRR）	财务内部收益率是指项目在整个经营期内各年净现金流量累计等于零时的折现率，是考察项目盈利能力的主要动态评价指标。判别标准为：FIRR≥ic时即认为盈利能力已满足最低要求，项目可行；FIRR＜ic时，项目不可行
3	财务净现值率（FNPVR）	财务净现值率是项目单位投资现值所获得的净现值，其值越大表明项目投资效益越好
4	动态投资回收期（P't）	动态投资回收期是按现值法计算的投资回收期，可直接从财务现金流量表求得

4. 不确定性分析

项目评价所采用的数据，由于多来自预测和估算，有一定程度的不确定性，为分析不确定因素对财务评价指标的影响需进行不确定性分析，以估计项目可能承担的风险，以论证开发项目在经济上的可靠性。不确定性分析包括盈亏平衡分析、敏感性分析和概率分析，具体内容如表15-2所示。

表 15-2　不确定性分析的内容

序号	指标	指标说明
1	盈亏平衡分析	盈亏平衡分析是通过盈亏平衡点BFP分析项目成本与收益的平衡关系。当影响投资效果的变化因素达到某一临界值时，方案的收入与支出相平衡，此时方案既不盈利也不亏本，此临界值即为盈利平衡点

序号	指标	指标说明
2	敏感性分析	敏感性分析是通过分析、预测项目主要因素（如成本、价格、销售周期等因素）发生变化时对财务评价指标的影响，从中找出敏感因素和极限变化幅度
3	概率分析	概率分析的目的在于用概率研究预测各种不确定性因素和风险因素对项目评价指标可能产生的影响。一般是计算项目净值的期望值及净现值大于或等于零时的累计概率，累计概率越大，说明项目承担的风险越小

四、可行性研究的管理

市场拓展总监应对房地产项目可行性研究进行统筹管理，具体包括图15-7所示的工作。

编制可行性研究报告

成立可行性研究小组

加强可行性研究报告的管理

项目完成后及时总结

图 15-7　可行性研究管理的事项

1. 编制可行性研究报告

房地产开发项目不论投资规模大小，都应编制可行性研究报告，其深度要求可从实际出发或领导决策要求确定。规模较大且要求研究深度相对较深的项目，可委托专门咨询机构承担项目可行性研究任务；规模适量且研究深度适当的项目，由房地产公司自行组织可行性研究。

2. 成立可行性研究小组

房地产开发项目可行性研究工作，一般应由公司总工程师总体负责，开发、销售、财务部门人员参与组成研究小组，开展工作。

3. 加强可行性研究报告的管理

房地产开发项目可行性研究报告首页应加盖开发公司印章，主扉页应署总经理、总工程师及研究人员姓名，末页应署报告执笔人姓名。

开发项目的可行性研究报告及决策意见，不论实施与否，都应归入技术档案管理，妥善保存备查。

4. 项目完成后及时总结

开发项目实施完成后，应组织参与研究的部门和人员进行总结，予以跟踪研究。对研究的方法、测算、结论、建议等，对照市场实际，从中找出成功经验和教训，以不断提高可行性研究的科学水平和定性、定量分析的准确性。

五、可行性研究的报告

可行性研究的结果应有书面的报告，其内容描述如下。

1. 封面

封面要能反映评估项目的名称、评估人员及可行性研究报告写作时间。

2. 摘要

摘要应用简洁的语言，介绍被评估项目所处地区的市场情况、项目本身的情况和特点、评估的结论。文字要字斟句酌，言必达意，绝对不能有废词冗句，字数以不超过1000字为宜。

3. 目录

目录是研究报告内各项内容概要的集合，方便读者阅读。

4. 正文

正文是可行性研究报告的主体，要按照逻辑的顺序，从总体到细节循序编写。一般包括：项目总说明、项目概况、投资环境研究、市场研究、项目地理环境和附近地区竞争性发展项目、规划方案及建设条件、建设方式与进度安排、投资估算及资金筹措、项目评估基础数据的预测和选定、项目经济效益评价、风险分析、结论与建议等十二个方面。

5. 附表

附表是对于正文中不便于插入的较大型表格。一般包括：项目工程进度计划表、项目投资估算表、投资计划和资金筹措表、项目销售计划表、项目销售收入测算表、财务现金流量表、资金来源与运用表、贷款还本付息估算表和敏感性分析表。

6. 附图

附图一般包括项目位置示意图、项目规划用地红线图、建筑设计方案平面图等。

【行业参考】▶▶

××楼盘项目可行性研究报告

第一部分　宗地评价

一、宗地基本情况（略）

二、区域板块分析（略）

三、环境评价（略）

四、交通条件（略）

五、市政规划（略）

第二部分　区域市场分析

一、周边楼盘状况

宗地周边目前在售楼盘有5个，其中××花园以及××景城为新开发项目，尚未开盘，将有3～5年的开发周期，与本项目产生一定的竞争格局。

××城畔为2016年开发高档社区项目，虽然项目总体体量不大，但其销售从2017年一直到现在，将近4年的销售时间。分析该项目滞销的原因主要有以下几点。

（1）配套不成熟。

（2）沿河改造一直未动工。

（3）操盘的时机节点把控有问题，各期开发未衔接好。

（4）项目没有分期开发，产品无差异性。

（5）剩余大户型过多，难以消化，总价过高。

二、价格及客户群体分析

区域位于××。紧邻××河，随着××市沿河改造二期工程的完工，××河沿岸的景观初成雏形，区域的景观优势也逐渐体现出来。虽然区域内配套设施尚不完善，但区域交通便利，环境优美，居住品质提高，未来仍有较大的升值空间，越来越多的市民选择在此置业。

目前区域内房价主要集中在 $8000 \sim 8500$ 元 $/m^2$，在全市范围内，处于中等水平，有较大的提升空间。××市整体房价目前集中在 $8000 \sim 10000$ 元 $/m^2$ 的关口，需要一个品质较高的项目突破 10000 元 $/m^2$ 的瓶颈，来带动××市整体房价上涨。

按照房价正常发展的趋势，以及沿河景观呈现在市民眼前，预计到明年下半年，本项目开盘阶段，区域房价将达到 9000 元 $/m^2$ 以上。

经调查分析，选择在此置业的客户群体主要为有一定经济基础、有改善性购房需求的企事业单位职工、私营企业主，购房用途多为自用，为改善目前的居住环境。目前××新区通过圈地提升城市核心经济增长竞争优势，政府吸引国际知名企业来××投资，来打造城市名片。本项目可以依赖这些新兴企业、研发基地的高管及××新区市政机关的领导，通过沙滩浴场来吸引市民，我们所面向的客户不仅仅是××市民，更多的是企业高管、高收入的外地人。

第三部分 项目 SWOT 分析

一、地块 SWOT 分析

1. 优势

（1）随着城市框架的拉大和向东开发，地块升值潜力很大。

（2）交通方便，自然生态景观好。

2. 劣势

（1）生活配套设施不足，规划及外观环境较差。

（2）周边有很多竞争楼盘，不利于做项目品牌和后期物业管理。

3. 机会

（1）××城市发展迅速，城市凝聚力和影响力逐步提升，促进房地产的快速发展。

（2）地块尚未启动，物业形态及产品配比具有可塑性，可根据市场及客户随时调整策略。

4. 威胁

（1）周边环境的开发，规划合理，多个实力开发商进驻，未来竞争格局态势明显，对本项目产生一定影响。

（2）房地产调控政策进一步增强，政府对房地产采取适度打压，以保持长期持续稳定发展，房地产新政策随时都有可能出炉。

5.综合分析

本地块最核心的优势和机会在于地段价值和景观环境，通过专业手段对地段价值的挖掘，投资与地段价值相匹配的产品，进而提升项目的产品价值，树立可信、适宜居住的项目品牌形象，以吸引客户群。

二、项目分析总结

根据上述SWOT分析，项目可以以自身规模及景观绿化带为基本立足点，从而弥补周边配套设施的不足，寻求楼盘差异化，确立项目市场地位。

本项目在以自身景观优势作为卖点的同时，应着手打造另外一个卖点：区域性商业中心。一方面，由于项目所在区域为生态居住示范区，目前区域内尚无配套商业，对于本项目来说，这是一个良好的契机。另外一方面，增加持有型物业，可有效规避增值税。基于未来区域内的高端客户群体，建议开发5万～7万平方米的大型商业中心，配合市政府规划的沙滩浴场，集餐饮、居住、购物、休闲、娱乐为一体的商业中心，真正实现一站式消费，满足周边居民的消费需求，同时吸引××新区、××区域的人流来此消费，提升项目住宅的投资价值。

因此，本项目利用自身及周边的景观配套设施，解决好城市中心住宅"缺绿""缺空间"的问题，并且发挥好新城市中心集中式商业配套及公共配套设施齐全的优势，可以打造出真正理性的宜居豪宅。

第四部分　项目投资测算及价格敏感性分析

一、项目经济技术指标（略）

二、项目投资测算表（略）

三、土地价格敏感性分析（略）

四、商铺价格敏感性分析（略）

第十六章
项目投资成本估算

🔆 【章前概述】▶▶ --

经营房地产投入资金多，风险大，在项目的规划阶段，必须对项目的投资与成本费用进行准确的估算，以便做出经济效益评价、投资决策。

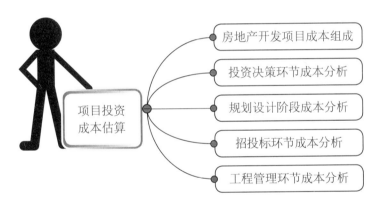

【内容解读】▶▶▶ --

一、房地产开发项目成本组成

对于一般房地产开发项目而言，投资及成本费用由开发成本和期间费用两大部分组成。

1. 开发成本

开发成本的构成按照内容来区分有多类，具体如表16-1所示。

表 16-1　开发成本的构成

序号	成本种类	具体说明
1	土地使用权出让金	国家以土地所有者身份，将一定年限内的土地使用权有偿出让给土地使用者。土地使用者支付土地出让金的估算可参照政府前期出让的类别
2	土地征用费	土地征用费是国家建设征用农村土地发生的费用，主要有土地补偿费、劳动力安置补助费、水利设施维修分摊、青苗补偿费、耕地占用税、耕地垦复基金、征地管理费等。农村土地征用费的估算可参照国家和地方有关规定进行
3	拆迁安置补偿费	拆迁安置补偿费是在城镇地区，国家和地方政府可以依据法定程序，将国有储备土地或已由企、事业单位或个人使用的土地出让给房地产开发项目或其他建设项目使用。因出让土地使原用地单位或个人造成经济损失，新用地单位应按规定给予补偿。它包括两部分费用，即拆迁安置费和拆迁补偿费
4	前期工程费	前期工程费为项目的规划、设计、可行性研究所需费用。一般可以按项目总投资额的一定百分比估算。通常规划及设计费为建安工程费的3%左右，水文地质勘探费可根据所需工作量结合有关收费标准估算
5	建安工程费	它是指直接用于建安工程建设的总成本费用。主要包括建筑工程费、设备及安装工程费以及室内装修工程费等
6	基础设施费	基础设施费又称红线内工程费，包括供水、供电、道路、排污、电信、环卫等工程费用，通常采用单位指标估算法来计算
7	公共配套设施费	它主要包括不能有偿转让的开发小区内公共配套设施发生的支出。其估算可参照建安工程费的估算方法
8	不可预见费	它包括基本预备费和涨价预备费。依据项目的复杂程度和前述各项费用估算的准确程度，以上述1～6项之和为基数，按3%～5%计算
9	开发期间税费	开发项目投资估算应考虑项目在开发过程中所负担的各种税金和地方政府或有关部门征收的费用。在一些大中城市，这部分费用在开发建设项目投资构成中占较大比重。应根据当地有关法规标准估算

2. 期间费用

期间费用是指与房地产开发项目有关的管理费用、销售费用和财务费用，具体如表16-2所示。

表 16-2 期间费用的构成

序号	费用种类	具体说明
1	管理费用	指可以项目开发成本构成中前1～6项之和为基数，按3%左右计算。其构成内容是指筹建期间的开办费、行政管理部门发生的费用、业务招待费、研究费用、技术转让费、相关长期待摊费用摊销、财产保险费、聘请中介机构费、咨询费和诉讼费等费用
2	销售费用	指开发建设项目在销售产品过程中发生的各项费用以及专设销售机构或委托销售代理的各项费用。主要包括广告宣传费及业务宣传费。广告宣传费约为销售收入的2%～3%。业务宣传费是企业开展业务宣传活动所支付的费用，主要是指未通过媒体的广告性支出，包括企业发放的印有企业标志的礼品、纪念品等；广告费则是企业通过媒体向公众介绍商品、劳务和企业信息等发生的相关费用
3	财务费用	指为筹集资金而发生的各项费用，主要为借款利息和其他财务费用（如汇兑损失、贷款担保费等）

二、投资决策环节成本分析

房地产投资决策是指房地产投资活动中，房地产开发商必须对拟建房地产投资项目的必要性和可行性进行技术经济论证，对不同的房地产投资方案进行比较选择，做出判断和决定的过程。

1. 投资决策阶段的费用组成

投资决策阶段要考虑的是整个项目从建议书开始到建成交付使用所产生的全部费用，现行建设工程项目投资构成包括两大部分，即建设投资和流动资产投资。其中，最主要的就是建设投资。建设投资主要包括以下几项内容。

（1）建筑安装工程投资（直接工程费、间接费、计划利润、税金）。

（2）施工设备、工器具的购置费。

（3）工程建设其他费用（土地使用费、与建设项目有关的其他费用、与未来企业生产经营有关的其他费用）。

（4）预备费用（基本预备费、涨价预备费）。

（5）项目建设期贷款所产生的利息。

2. 投资决策阶段成本控制影响因素

建设工程决策阶段是对开发项目的市场定位、使用功能、基本实施方案和主要要素投入做出总体策划，其工作主要包括投资机会分析、市场调查分析、可行性研究、项目决策等事项。建设工程项目的市场定位、使用功能直接决定项目的建设成本，建设工程项目市场分为高、中、低三端，不同的市场对设计布局、材料选择、使用功能、居住环境、公共配套设施的要求都有所不同，这些都是建设成本要考虑的主要因素。

三、规划设计阶段成本分析

房地产开发中的设计管理从前期土地获取中对于意向地块的规划研究分析，设计过程的管理，到施工中的技术配合和效果控制等，基本上贯穿于整个房地产开发过程的始终。影响设计阶段成本的因素主要如下。

1. 建筑设计

建筑方案的优劣关系到其余各专业方面的优劣，关系到各专业成本控制的成败，可以说是单体设计中成本控制的第一步。建筑专业设计的好与不好，不但决定着结构专业的成本，同时也对给排水、电气、智能化、内外装修等也有重大影响。什么样的建筑方案才是最好的呢？其实没有最好的，这就需要我们在美观舒适与控制成本之间找到一个平衡点。从这个角度考虑，房地产企业可以从以下几个方面考虑控制成本，具体如表16-3所示。

表 16-3　建筑设计成本控制的考虑点

序号	考虑点	说明
1	规划设计方案	在项目规划设计方案时，要根据项目的基本功能和要求，合理安排住宅建筑、公共建筑、管网、道路及绿地的布局，确定合理的人口与建筑密度、房屋间距和建筑层数；布置公共设施项目、规模及其服务半径，以及水、电、燃气的供应等，并划分上述各部分的投资比例

序号	考虑点	说明
2	建筑的平面布置	对于同样的建筑面积，若建筑平面形状不同，其工程量和建筑工程费用也不同。一般来说，正方形和矩形的建筑既有利于施工，又能降低工程造价。另外，在单元住宅设计时，小单元住宅以4个单元，大单元以3个单元，房屋长度在60～80米较为经济，即相应可以降低工程费用
3	建筑的层高和净高	建筑层高和净高对工程费用影响较大。据资料表明，在满足规范的情况下，层高若每降低0.1米，就可以节约成本1%，同时，还可节省材料，节约能源，节约用地，并有利抗震
4	建筑的层数	建筑层数的多少，直接影响着工程费用的高低。低层建筑具有降低工程费用、节约用地的优点。建筑超过6层，就要设置电梯，需要较多的交通面积（过道、走廊要加宽）和补充设备（垃圾管道、供水设备和供电设备等）。特别是高层建筑，要经受较强的风力荷载，需要提高结构强度，改变结构形式，使工程费用大幅度上升。高层建筑超过18层和高度超过100米都是有较大费用变化的界限，因而，合理地规划建筑层数有利于降低工程费用
5	户型和住户面积	建筑户型分一室户、二室户、三室户和多室户。户室比要根据一般家庭人口组成、生产活动、工作性质等情况来决定。户型和住户面积以及配套功能房和辅助房的数量对工程造价的影响非常大。因此，房地产项目要根据项目的实际情况，确定小区内多层住宅、小高层和高层住宅的配比

2. 结构设计

结构是建筑的骨架和主体，其造价在土建成本中占有相当大的比重，因此，优秀的结构设计是控制成本的重要部分。根据行内专家的建议，结构方面的成本控制主要从表16-4所示的几个方面考虑。

表 16-4　结构设计成本控制的考虑点

序号	考虑点	说明
1	选择合理的结构体系	结构体系的选择，是结构设计中的第一要素。一般而言，钢结构贵过钢筋混凝土结构，而钢筋混凝土结构又比砖混结构造价更高。因此，应根据建筑的层数和使用功能，选择合理的结构体系

序号	考虑点	说明
2	优选结构方案	在确定采用何种结构体系之后，还应对结构进行多方案比较。由于现代的建筑平面越来越不规则、体型越来越复杂，加上现在科技更先进，在满足结构安全的前提下，有多种结构方案可供选择，设计人员应通过比较后，选取一个最佳方案。这种比较是非常有必要的，一个优秀的结构方案比一个差的结构方案要节省很多成本，对工程造价影响比较大
3	严格控制计算结果	在结构设计中，设计人员在计算与配钢筋时，常犯错误：一是计算时取荷偏大，该折减的不折减，该扣除的不扣除；二是在输入计算机时，计算参数有意识放大 1.05 ～ 1.15 倍；三是出施工图配筋时，担心计算不准，有意识地根据计算结果又扩大 10% ～ 15% 的配筋量，所以其最终出图结果显然比精确计算大很多。此外，还有所谓的"算不清加钢筋"等现象。因而，作为房地产的管理人员，应该与设计人员多沟通，认真审核计算书与设计图，及时调整
4	优化基础设计	建筑基础的合理选型与设计是整体结构设计中的一个极其重要和非常关键的部分。它不但涉及建筑的使用功能与安全可靠，还直接关系到投资额度、施工进度和对周边现有建筑物的影响。基础的经济技术指标对建筑的总造价有很大的影响，基础的工程造价在整个工程造价中所占的比例较高，尤其是在地质状况比较复杂的情况下，更是如此

四、招投标环节成本分析

房产项目工程招标投标包括设备、材料采购招投标和施工招投标两个方面，开发商通过招投标选择施工单位或材料供应商，这对项目投资乃至质量、进度的控制都有至关重要的作用。

1. 工程招投标制对降低工程造价的影响

房地产开发项目推行工程招投标制对降低工程造价，使工程造价得到合理的控制具有非常重要的影响。这种影响主要体现在：

（1）推行招标投标制度，基本上形成了由市场定价的价格确定机制，使工程造价趋于合理，有利于节约投资，提高投资效益。

（2）推行招标投标制度能够不断降低社会平均劳动消耗水平，使工程造价得到有效的控制，更为合理。

（3）推行招标投标制度有利于供求双方更好地选择，使工程造价更加符合价值基础。

（4）推行招标投标制度有利于规范价格行为，使公开、公正的原则得以贯彻。

2.招标成本构成

一次招标活动从计划上报到标书审查、标书编制，再到中标通知书发放等，一共有十几个环节，其中部分环节还包括一些小的环节，这其中每个环节都要发生成本，包括物资成本、人工成本及时间成本。在一个招标活动中，所涉及的成本费用主要有以下几项：

（1）标书费。一般主要由投标人和中标人支付。标书费指的是招标文件编制的成本费，该费用与招标项目金额大小无关。目前标书费还没有一个法定的统一标准，原则上以编制标书的成本费用为收取费用标准。

（2）招标代理服务费。招标代理服务费一般由中标人或招标人支付。招标代理服务费一般按差额定率累进法计算。分为货物、服务和工程三类计费标准，中标金额越大，招标代理服务费就越多。招标代理服务费按差额定率累进法计算，按项目类别及招标收费标准收取。

比如：某工程设计项目招标代理业务中标金额为500万元，计算招标代理服务收费额为：100万元×1.5%＋（500-100）万元×0.8%万元＝3.2万元。

（3）专家评审费。一般由招标代理机构在评标结束后支付给评标专家。费用标准根据评标时间、工作量、评标项目的难易度以及专家本人在项目评标中担任的角色等进行确定。

（4）税金。一般由招标代理机构按国家税法有关规定，从招标代理营业收入中，按缴费税率进行缴纳。

（5）其他费用。主要是指发生在招标活动中的人员车旅费、食宿费，支付给公证机构的公证费和支付给咨询公司的标底编制、价格咨询、工程项目结算、财务决算咨询等费用。

一个招标项目活动结束，招标成本费用少则几千元，多则几十万上百万元，一个工程项目在招标环节所需付出的招标成本费用可是一笔不小的支出。

小知识

　　随着项目管理越来越规范，预算成本分析成为招投标工作中的一个重要环节，特别是招标代理成本费用、项目咨询费用的支出是招标人和投标人在招投标活动中必须考虑的一个重要因素。

3. 影响招标成本费用的主要因素

　　以上分析了招标成本的主要构成，这些费用虽然支付的主体各不相同，但这些费用都要列入工程项目建设的成本。要降低成本，可以利用系统网内的OA系统进行网上申报、批复，将大大缩短流程时间，标书审定程序在条件成熟的情况下可以采用网上会签制等。但在招标成本中影响最大的应是招标的批次，比如工程设备物资招标会，如能进行规模性集中招标，与供应商建立"战略合作伙伴"长期供货关系，就能减少招标批次，大幅度降低招标成本；其次招标代理服务费、项目咨询费，这两项费用的收费计算有很大的不确定性，招标业务员如能争取到更低的费用，也将降低招标成本。

五、工程管理环节成本分析

　　工程项目成本是指企业在以工程项目作为成本核算对象的施工过程中所消耗的生产资料转移价值和劳动者的必要劳动所创造的价值之和的货币表现形式，即某建筑工程项目在施工中所发生的全部生产费用的总和。

1. 工程项目成本的构成

　　按照成本的经济性质，工程项目成本由直接成本和间接成本两部分构成。

　　（1）直接成本。直接成本是指施工过程中耗费的构成工程实体或有助于工程实体形成的各项费用支出，具体包括：人工费、材料费、机械使用费、其他直接费等。

　　（2）间接成本。间接成本是指企业内各项目经理部为组织和管理施工所发生的全部支出，具体包括：现场管理人员人工费、固定资产使用费、项目经理部发生的取暖费、水电费、办公费、差旅费、财产保险费、劳动保护费、工程保修费、排污费及其他费用。

2. 工程项目成本控制措施

工程管理的成本控制内容有多种，概括起来一般从组织、技术、经济、质量管理、合同管理等几个方面采取有效控制措施。

（1）采取组织措施控制工程成本。组织措施是在施工组织的指导下项目的组织方面采取的措施，是其他各类措施的前提和保障，房地产企业必须采取组织措施抓好成本控制，才能使企业在市场经济中立于不败之地。具体如表16-5所示。

表 16-5　采取组织措施控制工程成本

序号	控制措施	具体说明
1	编制施工成本预测报告，确立项目管理成本目标	编制施工成本预测可以使项目经理部人员及施工人员无论在工程进行到何种进度，都能事前清楚知道自己的目标成本，以便采取相应手段控制成本。做到有的放矢，打有准备之仗。这是做好项目成本控制管理工作的基础与前提
2	优化项目成本控制体系，目标成本落实到人	工程项目的成本控制体现在各级组织管理机构下，需针对项目不同的管理岗位人员，做出成本耗费目标要求。项目各部门和各班组加强协作，将责、权、利三者很好地结合起来，形成以市场为基础的施工方案、物资采购、劳动力配备经济优化的项目成本控制体系
3	在项目部内部实施成本责任制	施工成本管理不仅是项目经理的工作，工程、计划、财务、劳资、设备各级项目管理人员都负有成本控制责任。通过成本责任制分解责任成本，层层签订责任书；量化考核指标，把责任成本分解落实到岗位、员工身上，形成企业上下人人关心成本，人人关心效益的新局面

（2）采取技术措施控制工程成本。具体如表16-6所示。

表 16-6　采取技术措施控制工程成本

序号	控制措施	具体说明
1	优化施工组织方案	项目管理者根据工程特点和工程建设的不同阶段，制定先进可行、经济合理的施工方案，优化施工组织设计，以达到缩短工期、提高质量、降低成本的目的
2	合理确定施工工期	施工工期是一种有限的时间资源，施工项目管理中的时间管理非常重要。当施工工期变化时，会引起工程劳动量（人工与机械）的变化。同一工程项目，工期不同，工程成本就不同。因此，合理的施工进度安排，最大限度地缩短工期，将减少工程费用，使施工单位获得较好的经济效益

序号	控制措施	具体说明
3	确保工程施工质量	因质量原因造成的返工，不仅会造成直接经济上的损失，而且可能会影响工程的施工进度，如果因此而影响了工程的如期竣工，就可能会引起业主的索赔。因此施工技术人员必须严把质量关，杜绝返工现象，缩短验收时间，节省费用开支
4	积极推广运用新工艺、新技术、新材料	在施工过程中，加大科技进步与提高工程质量的结合力度，努力提高技术装备水平，积极推广运用各种降低消耗、提高功效的新技术、新工艺、新材料、新设备，提高施工生产的技术含量，最大限度地节约建设成本，提高经济效益

（3）采取经济措施控制工程成本。经济措施是最易为人接受和采用的措施。管理人员应以主动控制为出发点，及时控制好工程各种费用，尤其是直接费用的控制。经济措施主要包括对人工费用、材料费用、机械费用等的控制。具体如表16-7所示。

表16-7　采取经济措施控制工程成本

序号	控制措施	具体说明
1	人工费用的控制管理	人工费用占全部工程费用比较大，一般在10%左右，所以要严格控制人工费用。要从用工数量方面控制，有针对性地减少或缩短某些工序的工程消耗量，从而达到减低工程消耗，控制工程成本
2	材料费用的控制管理	材料费用一般占全部工程费的65%～75%，直接影响工程成本和经济效益，一般做法是要按量价分离的原则，主要做好对材料用量的控制、对材料价格的控制、减少损耗、加强监督减少浪费、加强物资核算管理等工作
3	机械费用的控制管理	（1）正确选配和合理利用机械设备，搞好机械设备的保养修理，提高机械的完好率、利用率和使用率，从而加快施工进度、增加产量、降低机械使用费 （2）尽量减少施工中消耗的机械台班量，通过合理施工组织，机械调配，提高机械设备的利用率和完好率，同时加强现场设备的维修、保养工作，降低大修、经常修理等各项费用的开支，避免不当使用造成机械设备的闲置

（4）加强质量管理，控制返工率。在施工过程中要严格把好工程质量关，始终贯彻"至诚、至精、更优、更新"的质量方针，各级质量自检人员定点、定岗、定责，加强施工工序的质量自检和管理工作，真正贯彻到整个过程中，采取防范措施，消除质量通病，做到工程一次性成型，一次性合格，杜绝返工现象发生，避免造成不必要的人财物的浪费。

（5）加强合同管理，控制工程成本。合同管理是房地产企业管理的重要内容，也是降低工程成本，提高经济效益的有效途径，项目施工合同管理的时间范围应从合同谈判开始，至保修日结束止，尤其是加强施工过程中的合同管理，抓好合同的攻与守，攻意味着合同执行期间密切注意我方履行合同的进展情况，以防止被对方索赔。合同管理者的任务是应熟知合同的字里行间的每一层意思，及时避免每一层的不当或延误而造成成本的增加。

第十七章
项目资金筹措分析

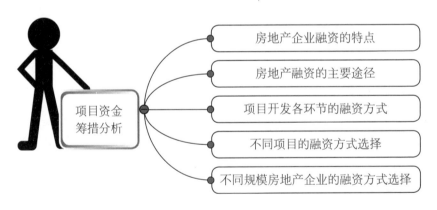

💡【章前概述】▶▶▶--------------------------------

对于任何一个房地产项目而言，资金筹措都是非常重要的，一旦资金链断裂，项目必然无法进行下去。因此，融资能力对房地产企业至关重要。而融资也是有风险的，为规避融资风险，确保房地产企业实现持续、稳定、高速的增长，必须对融资加以分析管控。

项目资金筹措分析

- 房地产企业融资的特点
- 房地产融资的主要途径
- 项目开发各环节的融资方式
- 不同项目的融资方式选择
- 不同规模房地产企业的融资方式选择

【内容解读】▶▶▶--------------------------------

一、房地产企业融资的特点

房地产企业融资，是指发生在房地产经济活动中的，通过各种信用方式、方法及工具为房地产业及相关部门融通资金的金融行为。广义的房地产融资与房地产金融的概念相同，指的是筹集、融通和结算资金的所有金融行为；狭义的房地产融资只是指其中的一环，即专指资金融通行为。

相较于其他行业，房地产企业融资具有很大的特殊性，如图17-1所示。

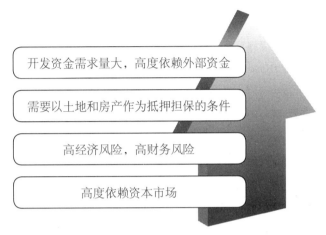

开发资金需求量大，高度依赖外部资金

需要以土地和房产作为抵押担保的条件

高经济风险，高财务风险

高度依赖资本市场

图 17-1 房地产企业融资的特殊性

二、房地产融资的主要途径

房地产融资的主要途径按资金来源渠道可分为内部融资和外部融资。

1. 内部融资

内部融资包括企业自有资金和预收账款。内部融资的类别如表17-1所示。

表 17-1 内部融资的类别

序号	类别	说明
1	企业自有资金	包括企业设立时各出资方投入的资金，经营一段时间后从税后利润中提取的盈余公积金，资本公积金（主要由接受捐赠、资本汇率折算差额、股本溢价等形成）等资本由企业自有支配、长期持有。自有资金是企业经营的基础和保证，国家对房地产企业的自有资本比例有严格要求。开发商一般不太愿意动用过多的企业自有资金，只有当项目的盈利性可观、确定性较大时，才有可能适度投入企业的自有资金
2	预收账款	预收账款是指开发商按照合同规定预先收取购房者的定金，以及委托开发单位开发建设项目，按双方合同规定预收委托单位的开发建设资金。对开发商而言，通过这种方式可以提前筹集到必需的开发资金。其中预购房款主要指购房者的个人按揭贷款，是我国房地产企业开发资金的重要来源

2. 外部融资

外部融资的方式主要如表17-2所示。

表 17-2　外部融资的方式

序号	融资方式	说明
1	上市融资	房地产企业通过上市可以迅速筹得巨额资金，且筹集到的资金可以作为注册资本永久使用，没有固定的还款期限，因此，对于一些规模较大的开发项目，尤其是商业地产开发，具有很大的优势。一些急于扩充规模和资金的有发展潜力的大中型企业还可以考虑买（借）壳上市进行融资
2	房地产开发债券	发行债券可以聚集社会闲散资金，为房地产开发带来大规模的长期资金，用于土地开发和房地产项目投资等。当房地产企业在开发中有长期的资金需求时，债券是一种重要融资渠道
3	银行信贷	从银行借款是开发商的主要筹资渠道，短期信贷只能作为企业的流动周转资金，在开发项目建成阶段，可以以此作为抵押，申请长期信贷。我国的开发商向银行申请贷款，可分为土地贷款和建筑贷款。常见的开发贷款有：短期透支贷款、存款抵押贷款和房地产抵押贷款
4	房地产投资信托（Real Estate Investment Trusts, REITs）	REITs是采取公司或商业信托的形式，集合多个投资者的资金，收购并持有房地产（一般为收益性房地产）或者为房地产进行融资，并享有税收优惠的投资机构。它实质上是一种证券化的产业投资基金，通过发行股份或收益单位，吸收社会大众投资者的资金，并委托专门管理机构进行经营管理。它通过多元化的投资，选择各种不同的房地产证券、项目和业务进行组合投资
5	商业抵押担保证券（CMBS）	这是一种商业证券化的融资方式，即将不动产贷款中的商用房产抵押贷款汇集到一个组合抵押贷款中，通过证券化过程及债券形式向投资者发行
6	海外基金	目前外资地产基金进入国内资本市场一般有以下两种方式：一是申请中国政府特别批准运作地产项目或是购买不良资产；二是成立投资管理公司合法规避限制，在操作手段上通过回购房、买断、租约等直接或迂回方式实现资金合法流通和回收。海外基金与国内房地产企业合作的特点是集中度非常高，海外资金在中国房地产进行投资，大都选择大型的房地产企业，对企业的信誉、规模和实力要求比较高。但是，有实力的开发商相对其他企业来说有更宽泛的融资渠道，再加之海外基金比银行贷款、信托等融资渠道的成本高，因此，海外基金在中国房地产的影响力还十分有限

序号	融资方式	说明
7	联合开发	联合开发是房地产开发商和经营商以合作方式对房地产项目进行开发的一种方式。联合开发能够有效降低投资风险，实现商业地产开发、商业网点建设的可持续发展。大多数开发商抱着卖完房子就走的经营思想，不可能对商业地产项目进行完善规划和长期运营，因此，容易出现开发商在销售时火爆，但他们走了以后商业城和商业街出现了日渐萧条的现象。开发商和经营商的合作开发可以实现房地产开发期间目标和策略上的一致，减少出现上述现象的可能性
8	并购	在国家宏观调控政策影响下，房地产市场将出现两种反差较大的情况：一方面，一些手中有土地资源而缺少开发资金成本的中小房地产企业因筹钱无门使大量项目停建缓建，只有尽快将手中的土地进入市场进行开发才能保证其土地不被收回；另一方面，一些资金实力雄厚的大型房地产企业苦于手中无地而使项目搁浅。因此，大型房地产企业应不失时机地收购中小企业及优质地产项目，从而实现规模的快速扩张
9	夹层融资	夹层融资是一种介乎股权与债权之间的信托产品，在房地产领域，夹层融资常指不属于抵押贷款的其他次级债或优先股，常常是对不同债权和股权的组合。在我国房地产融资市场，夹层融资作为房地产信托的一个变种，具有很强的可操作性。最直接的原因是，夹层融资可以绕开银保监会212号文件规定的新发行房地产集合资金信托计划的开发商必须"四证"齐全，自有资金超过35%，同时具备二级以上开发资质的政策。与REITs相比，夹层融资更能解决"四证"齐全之前燃眉之急的融资问题
10	项目融资	项目融资是指项目的承办人（股东）为经营项目成立一家项目公司，以该项目公司作为借款人筹借贷款，并以项目公司本身的现金流量和收益作为还款来源，以项目公司的资产作为贷款的担保物
11	开发商贴息委托贷款	开发商贴息委托贷款是指由房地产开发商提供资金，委托商业银行向购买其商品房者发放委托贷款，并由开发商补贴一定期限的利息，其实质是一种"卖方信贷"。开发商贴息委托贷款采用对购房消费者提供贴息的方式，有利于住宅房地产开发商在房产销售阶段的资金回笼，可以避免房地产开发企业在暂时销售不畅的情况下发生债务和财务危机，可以为部分有实力的房地产公司解决融资瓶颈问题

序号	融资方式	说明
12	短期融资券	短期融资券是指企业依照法定程序发行，约定在3.6或9个月内还本付息，用以解决企业临时性、季节性短期资金需求的有价证券。短期融资券具有利率低、期限灵活、周转速度快、成本低等特点。短期融资券对不同规模的房地产企业没有法律上的约束，但就目前的情况来看，由于短期融资券的发行实行承销制，承销商从自身利益考虑，必然优先考虑资质好、发行规模大的企业
13	融资租赁	根据《合同法》的规定，房地产融资租赁合同是指房屋承租人自己选定或通过出租人选定房屋后，由出租人向房地产销售一方购买该房屋，并交给承租人使用，承租人交付租金
14	房地产证券化	房地产证券化就是把流动性较低、非证券形态的房地产投资直接转化为资本市场上的证券资产的金融交易过程，从而使得投资者与投资对象之间的关系由直接的物权拥有转化为债权拥有的有价证券形式。房地产证券化包括房地产项目融资证券化和房地产抵押贷款证券化两种基本形式。我国正处于房地产证券化推行的初级阶段，进行中的住房抵押贷款证券化是其现实切入点

三、项目开发各环节的融资方式

房地产开发可以分为几个重要环节：开发项目的立项和可行性研究、规划设计和市政配套、选择地点和取得土地使用权、开发项目的前期工作、建设管理和竣工验收、房地产商品的经营和物业管理。按照融资的不同需求，我们可以将这些环节归纳为三个融资阶段，按照不同阶段面临的风险来选择每个阶段适合的融资工具。房地产开发各环节合理的融资方式如下页表17-3所示。

四、不同项目的融资方式选择

不同开发项目金融创新方式的选择，取决于市场发育程度和投资者的信心程度。现有融资格局是各方博弈的结果，包括银行风险、资本市场发展状况和企业信誉等方面。

表 17-3　房地产开发各环节合理的融资方式

序号	阶段	阶段特点	合理的融资方式
1	准备阶段,货币资金转化为储备资金	这一阶段的开发成本和费用包括购入土地使用权和原材料、支付可行性研究和规划设计费用等。这一阶段房地产企业主要面临投资估算不足,融资规模不够的风险。该阶段融资期限最长,数额较大,受到政策规定自有资金须达到35%以上才可获得银行贷款的限制,一般房地产企业难以达到要求,为获得贷款必须保证"过桥融资"的可得性确切,资金流稳定性较高,因此,可以接受较高的融资成本	夹层融资既包括债券融资又包括股权融资,规避了政策限制,可以作为此阶段融资的首选,用以补充自有资金。使用夹层融资后,自有资金比例达到35%以上,便可以使用信托融资。对于资质较好的大型房地产开发商可以考虑发行债券、REITs与海外资金合资设立项目公司进行投资,上市和并购等方式在项目准备阶段之前利用,保证整个开发过程中资金链条的顺畅。中小型企业可在此阶段选择联合开发,实现地产商和经营商联盟合作,统筹协调,使双方获得稳定的现金流,有效地控制经营风险
2	生产阶段,储备资金转化为生产资金	这一阶段的开发成本包括"七通一平"等土地开发成本,建筑、安装工程,配套设施建设等支出,房地产企业面临建设项目拖延、原材料价格上涨等风险。这就要求开发商融资进度尽可能与开发进度配合,既满足工程需要,又不能因过度融资导致过高的资金成本	基建垫资是本阶段实际操作中主要资金来源之一,这样房地产开发企业就可将一部分融资的困难和风险转移给承包商。完工后生产资金转化为成品资金。适合选用信托、夹层融资等方式,融资成本较高,但受政策限制较少,相对容易筹得资金。短期融资券,一般在9个月内还本付息,具有利率低、期限灵活、周转速度快、成本低等特点,是信誉良好的房地产开发企业,在生产阶段和销售阶段进行衔接的时候,解决短期资金缺口的理想融资选择
3	销售阶段,成品资金转化为货币资金	开发商销售房地产回笼资金,这一阶段房地产企业面临贷款利息税升高,购房者拖欠款等风险	本阶段购房者需要融资。对于工作时间不长,但有较高预期收入和还款能力的年轻人可选用按揭贷款;工作时间较长或有一定财产积蓄的中老年购房者可选择住房公积金、抵押贷款,或综合使用以上方式。融资租赁也可以减轻支付负担,实现真正意义上的"零首付"

1. 住宅

住宅是房地产开发最主要的项目类型之一。住宅的经营模式是开发并销售，融资相对于商业用房来说较为容易，可享受税收优惠，但其贷款抵押期一般较长。不同档次的住宅类型资金运作规律、消费群体乃至政策环境都不一样，房地产企业考虑融资方式的选择时应进一步细分住宅市场。住宅项目的融资方式如表17-4所示。

表 17-4　住宅项目的融资方式

序号	住宅类型	特点	融资方式
1	别墅、高档住宅区	这类住宅消费群体针对高收入阶层，目标消费群狭小、需求个性化，隐含着较大的销售风险，总体看空置率较高。高档住宅通常要求较高设计水准，可行性研究和专业设计费用高昂，因此，在开发的准备期融资需求大，而准备期又是不确定性最大的开发阶段。类似于商业用房，开发商更需要拓宽融资渠道，为保证资金的可得性和稳定性，愿意接受较高的融资成本	夹层融资、信托、项目融资、REITs等是较为理想的融资方式
2	普通商品房	中端客户贷款比例较高，违约率略高于高端客户。融资租赁可以构造事实上的"零首付"；"卖方信贷"可以通过开发商补贴的方式为他们提供贷款上的优惠，减轻他们的还贷压力	这类住房的购买者申请的个人抵押贷款是房地产证券化的主要来源
3	经济适用房	该类型住宅适宜中低收入人群，贷款比例最高、违约率也最高。低收入人群难以获得高额的购房贷款额度，对金融创新融资工具需求不强，在市场失效的情况下，政府应该承担更多的责任	由于并非所有人的住房问题都要通过购买新建商品房解决，可以通过发展二手房和房屋租赁市场，解决经济拮据人群的住房需要

2. 商业房地产

商业房地产包括写字楼、商铺、工业项目、停车场和仓库等，其各方面特征与住宅有显著差异，经营模式是开发并持有，以出租获取回报为主，产权和现金流较稳定；融资规模大、时间长，因此，它对新融资渠道的需求更旺盛。

我国现有的REITs都是投资物业，靠租金获取回报，适用于投资办公楼、购物中心等。大型的商业房地产项目可以考虑采用项目融资的方式，来实现融资目标和风险屏蔽的作用。短期融资券适用于工程较大、耗资较多的项目，保证项目开发期间获得稳定的资金流。多数商业地产开发商是从住宅开发转过来的，对商业特性和商业规律的把握存在着偏差，联合开发可以实现优势互补，帮助企业顺利转型。海外基金也多用于商业地产等规模较大的开发项目。

五、不同规模房地产企业的融资方式选择

对于实力雄厚、信誉良好的大型房地产开发企业来说，几乎所有的融资方式都可以选择，其中有几种融资方式（如上市融资、发债融资、海外资金等）几乎成为他们的专利。

而对于为数众多的中小企业来说，应积极采用开发商卖方信贷、联合开发、夹层融资、信托融资、工程转包融资、获得外单位投资等不被大型企业所垄断的方式进行融资。

第十八章
项目投资风险分析

💡【章前概述】▶▶▶---

　　房地产项目全过程中存在的众多的不确定性因素决定了开发过程的不确定性，从而使投资具有很大的潜在风险。这就要求房地产企业在项目开发中应充分了解过程中的风险情况，应用科学的分析方法和手段，做出正确决策。

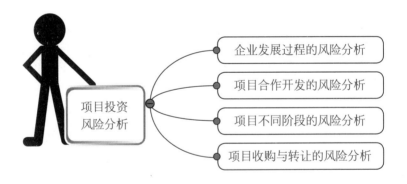

🔍【内容解读】▶▶▶---

一、企业发展过程的风险分析

　　在通常情况下，房地产企业发展过程中的风险被划分为对市场内所有投资项目均产生影响的系统风险和仅对市场内个别项目产生影响、投资者可以控制的非系统风险。

1. 系统风险

房地产投资首先面临的是系统风险，投资者对这些风险不易判断和控制，如通货膨胀风险、市场供求风险、周期风险、变现风险、政策风险和或然损失风险，具体内容见表18-1。

表 18-1　系统风险的类别及说明

序号	风险类别	具体说明	备注
1	通货膨胀风险	通货膨胀风险又称购买力风险，实质投资完成后所收回的资金与初始投入的资金相比，购买力降低给投资者带来的风险	由于投资都要求有一定的时间周期，尤其是房地产投资周期较长，所以只要存在通货膨胀因素，投资者就面临通货膨胀风险。房地产投资者非常重视此风险因素的影响，并通过适当调整其要求的最低收益率来降低该风险对实际收益率的影响程度
2	市场供求风险	市场供求风险是指投资者所在地区房地产市场供求关系变化给投资者带来的风险	市场是不断变化的，房地产市场上的供给与需求也在不断变化，而供求关系的变化必然造成房地产价格的波动，具体表现为租金收入的变化和房地产价值的变化，这种变化会导致房地产投资的实际收益偏离预期收益。当市场内结构过剩达到一定程度时，投资者将面临房地产空置或积压的严重局面，最终导致投资者的破产
3	周期风险	周期风险是指房地产市场周期波动给投资者带来的风险	正如经济周期的存在一样，房地产市场也存在周期波动的现象。房地产市场周期波动可以分为复苏与发展、繁荣、危机与衰退、萧条四个阶段。当房地产市场从繁荣阶段进入危机与衰退阶段时，房地产市场将出现持续较长时间的房地产价格下降、交易量锐减等情况，给房地产投资者造成损失
4	变现风险	变现风险是指急于将商品兑换为现金时由于折价而导致资金损失的风险	房地产属于非货币性资产，具有独一无二、价值量大的特性，销售过程复杂，其拥有者很难在短时间内将房地产兑换成现金。因此，当投资者由于偿债或其他原因急于将房地产兑换成现金时，可能使投资者蒙受折价损失

序号	风险类别	具体说明	备注
5	政策风险	政府有关房地产投资的土地供给政策、低价政策、税费政策、住房政策、价格政策、金融政策、环境保护政策等，均对房地产投资者收益目标的实现产生巨大影响，从而给投资者带来风险	避免这种风险的最有效方法，是选择政府鼓励的、有收益保证的或有税收优惠政策的项目进行投资
5	或然损失风险	或然损失风险是指火灾、风灾或其他偶然发生的自然灾害引起的置业投资损失	尽管投资者可以将这些风险转移给保险公司，然而在有关保单中规定的保险公司的责任并不是包罗所有的，因此有时还需要就洪水、地震、核辐射等灾害单独投保，盗窃险有时也需要安排单独保单

2. 非系统风险

非系统风险可以通过合理决策予以降低乃至消除；而系统风险则不能，系统风险只能通过市场交易进行规避和转移。常见的非系统风险，具体内容见表18-2。

表18-2　非系统风险

序号	风险类别	具体说明
1	收益现金流风险	收益现金流风险是指房地产投资项目的实际收益现金流未达到预期目标要求的风险
2	未来运营费用风险	未来运营费用风险是指物业实际运营费用支出超过预期运营费用而带来的风险。即使对于刚建成的新建筑物的出租，且物业的维修费用和保险费均由承租人承担的情况下，也会由于建筑技术的发展和人们对建筑功能要求的提高而影响到物业的使用，使后来的物业购买者不得不支付昂贵的更新改造费用
3	资本价值风险	资本价值在很大程度上取决于预期收益现金流和可能的未来运营费用水平。然而，即使收益和运营费用都不发生变化，资本价值也会随着报酬率的变化而变化
4	比较风险	比较风险又称机会成本风险，是指投资者将资金投入房地产后，失去其他投资机会，同时也失去了相应可能收益时，给投资者带来的风险

续表

序号	风险类别	具体说明
5	时间风险	时间风险是指房地产投资中与时间和时机选择因素有关的风险。房地产投资强调在适当的时间、选择合适的地点和物业类型进行投资，这样才能使其在获得最大收益的同时使风险降低到最低限度
6	持有期风险	持有期风险是指与房地产投资持有时间相关的风险。一般来说，投资项目的寿命周期越长，可能遇到的影响项目收益的不确定因素就越多，投资者面临的风险就越大
7	技术风险	技术风险是指由于科学技术的进步，技术结构及其相关变量的变动给房地产开发商和经营者可能带来的损失。技术风险主要包括：建筑材料改变和变更风险、建筑施工技术和工艺革新风险、建筑设计变动或计算失误风险、设备故障或损坏风险、建筑生产力因素短缺风险、施工事故风险和信息风险等

二、项目合作开发的风险分析

房地产项目合作开发过程中的主要法律风险有以下几个方面。

1. 合作主体经营资格不合法的法律风险

根据我国现行法律法规的规定，依法取得房地产开发企业营业执照及房地产开发资质证书，是从事房地产开发经营的必要条件。对于合作开发而言，其主体要求的关键在于，合作各方中至少应有一方具有房地产开发经营资格，同时这也构成了影响合作合同效力的重要因素。

最高人民法院《关于审理涉及国有土地使用权合同纠纷案件适用法律问题的解释》（以下简称《解释》）第十五条规定："合作开发房地产合同的当事人一方具有房地产开发经营资质的，应认定合同有效。当事人双方均不具备房地产开发经营资质的，应当认定合同无效。但起诉前当事人一方取得房地产开发经营资质或已依法合作成立具有房地产开发经营资质的房地产开发企业的，应当认定合同有效。"

根据上述规定，在实施合作开发房地产经营活动中，若合作各方均不具备房地产开发经营资格，将导致合作合同被认定无效，合作各方将承担由此引起的

法律风险，包括交易成本的扩大及各项财产损失等。对于国有房地产开发公司而言，这将意味着国有资产的重大流失。

因此，房地产企业在选择合作对象之前，应当认真核实拟合作方是否满足合作项目的要求，包括有无房地产开发经营资质、资质等级是否符合项目要求、资质证书是否尚处有效期内、有无受到限制经营活动的情况等。若不满足，应尽量避免与此类公司合作。如果在签订了合作协议且实施了一定规模的投资建设后，发现合作方缺乏经营资格，此时应尽快采取措施获取符合要求的经营资格；或成立房地产合作开发的项目公司，以规避合作经营主体资格不合法的法律风险。

2. 以划拨土地使用权作为投资合作开发房地产的法律风险

划拨土地使用权具有无偿性、无期限性和处分的局限性等特点，国家对划拨土地使用权处分有严格限制。未经有批准权的人民政府批准，划拨土地使用权不允许进入房地产市场交易。

《解释》第十六条明确规定："土地使用权未经有批准权的人民政府批准，以划拨土地使用权作为投资与他人订立合同合作开发房地产的，应当认定合同无效。但起诉前已经办理批准手续的，应当认定合同有效。"根据上述规定，划拨土地使用权未经依法批准不能作为合作开发房地产的投资。否则将导致合作合同无效，并致使合作各方利益受损。

在实施合作开发房地产项目过程中，如果合作方以未经批准的划拨土地使用权投资的，应尽快采取有效措施补办批准手续，尽量规避合作合同无效的法律风险。

小知识

从根本上讲，房地产开发企业最好放弃以划拨土地使用权作为投资房地产合作项目，才能从源头上杜绝有关风险、避免纠纷和减少损失。

3. 房地产合作中增加投资数额承担比例引发的法律风险

投资额是合作双方计算成本和分享利润的前提和基础，它由土地成本建设资金、税费和公共配套费组成。受市场因素、政策因素以及人为因素等的影响，在房地产开发项目实施过程中额外增加投资是比较普遍的。实践中，合作各方对投资增加及比例负担通常缺乏约定或无法达成一致，往往易产生纠纷。

《解释》第十七条规定："投资数额超出合作开发房地产合同的约定，对增加投资数额承担比例，当事人协商不成的，按照当事人的过错确定；因不可归责于当事人的事由或当事人的过错无法确定的，按照约定的投资比例确定；没有约定投资比例的，按照约定的利润分配比例确定。"上述规定确定了在没有约定的情况下，增加投资额比例负担的基本规则。由于缺乏约定，一旦新增投资的承担发生纠纷，往往会造成资金迟延到位，阻碍项目的进展，造成停工等重大经济损失。因此，房地产开发企业，应努力做好合作的前期工作，减少因投资额增加而引发的纠纷。比如，在合作合同中明确规定增加投资的承担比例，或确定承担比例的规则、方法等。

同时，起草合作合同时应设置灵活条款，如由合作另一方代替出资，双方根据实际投资额重新界定投资额和利润分配比例。这样既解决项目资金困难，又人性化考虑到合作各方的经济实力等综合因素。同时，还可以对过错方引起投资额增加约定具体的违约责任等。

4. 因合作开发中当事人未足额出资引发的法律风险

未足额出资是指没有按照合同约定出资数额交纳出资。实践中，在合作合同当事人未足额交纳出资的情况下，该如何分配利润，极易产生纠纷。根据《解释》第二十二条，合作开发房地产合同约定仅以投资数额确定利润分配比例，当事人未足额交纳出资的，应按照当事人的实际投资比例分配利润。同时，《解释》第二十三条进一步明确，合作开发房地产合同的当事人要求将房屋预售款充抵投资参与利润分配的，不予支持。也就是说，未足额交纳出资一方构成违约，而合作利润是足额交纳出资一方经过劳动产生的。如按照合同约定向违约方分配利润，显然是对足额出资方利益的践踏。从另一方面讲，房屋预售款是投资资本产生的收入。而投资款是一种资本，体现为合作当事人必须履行的义务，二者有明显区别，不能将预售款充抵出资款。根据上述规定，如合作合同约定将投资额作为分配利润的唯一基础性依据，由于合作方未能履行足额交纳义务，其将无法获得利润，或仅能根据实际投资额分得极少的利润。

防范这一风险应避免单一的利润分配模式。实践中，按期足额交纳出资有困难的企业，可以在合作合同中协商约定多种分配模式，并明确约定分配方式的选择权，包括选择的条件、程序等。房地产企业应掌握分配体制的主动权，防止在单一的利润模式下，因资金短缺引起无法获得利润的风险。对于交纳出资款，应尽量避免拖欠。建议企业充分考虑投资规模、工程进度、自身财务状况等因素，

约定适合自己的交纳方式、期限，从而最大限度减少违约事件的发生。

5. 合作开发房地产名不符实的法律风险

共担风险是合作开发房地产合同最本质的特征之一。《解释》第二十四条至二十七条，针对合作开发合同中常出现的几种仅具有合同形式，但缺乏共担风险这一重要特征的四类合同做出了转性规定。根据上述规定，合作合同中设有保底条款的，会被依法认定为土地使用权转让合同、借贷合同、房屋买卖合同或房屋租赁合同，即合作方之间的权利义务关系应以隐藏行为来确定。在诉讼纠纷中，人民法院则根据双方之间的真实合同关系做出相应判决。如果合同方约定了保底条款，诉讼中法院可能按相关土地转让、房屋买卖、企业借款、房屋租赁合同法律关系处理利润分配，合作方由此可能面临补缴相关转让税费等法律风险。

小知识

为防范名不符实的合作开发法律风险，合作合同中应尽力避免固定收益和保底利润的有关条款。

6. 房地产合作开发合同履行中的法律风险

合同签订后，若履行中发生权利义务的变更应及时订立补充协议，否则发生纠纷时对是否履约及合同变更难以查明。房地产开发合作项目中，合作方作为一个整体，但对外往往是以合作一方的名义发生业务法律关系。如施工合同，如何有效控制合作方对外结算行为及资金流向尤为关键。值得注意的是，以资金进行投资的合作方具有更大法律风险，因为投资一旦物化在土地及建筑物上，则不可转移。尤其是在完全以土地投资一方立项、报批的情况下，资金投资方应更加注重对项目开发风险的掌握。

鉴于以上履行合同中的法律风险，如果合作中出现权利义务变更应及时协商签订补充协议。合作方应就合作项目建立独立核算财务制度，对合作中的公章、银行印鉴管理，双方签字权限、流程，双方对项目资金控制、核算、税费分担，如何清算等进行明确约定，尽可能确保开发支出费用经过合作各方的认可。资金投资方可以通过设定担保和先期收益条款来保障权益，即将拟开发的土地使用权或提供土地一方的有效资产在一定时期内为其投资抵押，或在收益分配中约定优先分配利润。

7. 因以土地出资的一方在合作期间将土地使用权另行转让而引发的法律风险

以土地使用权作为出资的房地产合作开发，法律并无强制性审批和产权变更登记的要求。因此，在这种合作方式之下可能更容易发生土地使用权的多次转让行为。未经一方同意，另一方擅自转让了用以出资的土地使用权，则意味着合同的权利义务发生了转让，其合作主体也发生了变更，即破坏了双方合作基础。

因而合作方应在合作开发合同中明确约定，合作期间一方将土地使用权另行转让给第三人，另一方有权解除合同。转让方应赔偿因解除合同造成的经济损失，或承担惩罚性赔偿责任。合作方在签订合作合同时，明确约定将土地使用权过户到项目公司或合作双方名下，在未过户之前由提供土地使用权一方提供阶段性担保，以防范土地使用权方擅自转让的法律风险。

相关链接

房地产项目合作开发的风险防范措施

1. 选择最适合自己的合作伙伴

对于专业房地产开发商而言，选择合作伙伴主要是考虑能否满足自己的特殊需求，如土地需求、资金需求等。

对于不是以房地产开发为主业的公司来说，开发经验欠缺，那么对房地产项目的运营管理，房地产开发必需的各种证照的办理，与政府部门的关系协调都要依赖于合作伙伴。所以可以毫不夸张地说，选择正确的合作伙伴是合作项目成功的关键因素，也是合作开发的最大风险。

那么，如何选择自己的"最佳搭档"呢？这就必须从"硬实力"和"软实力"两方面对合作伙伴进行详细考察，最好所选择的合作伙伴"两手都要硬"。

（1）考察"硬实力"，关键在于两方面。一方面是合作伙伴的资质情况。根据《房地产开发企业资质管理规定》第三条规定："未取得房地产开发资质等级证书的企业，不得从事房地产开发经营业务。"可以看出，我国对于房地产开发实行准入制，只有具有房地产开发资质的企业才能进行房地产开发。并且根据企业的注册资本、已开发房屋面积、技术人才数量、是否发生过重大工程质量事故等情况，从高到低依次分为一、二、三、四级资质，资质越高说明该企业实力越强。特别是在合同型合作开发模式中，必须要求合作伙伴具有房地产开发资质。因为，如目标客户和合作伙伴均没有房地产开发资质，将导致双方签订的合作开发合同无效，并将受到相关部门的行政处罚，目标客户的合法权益将无法得到保障。另一方面要考察合作伙伴的资金实力。因为房地产行业是资金密集型行业，整个开发过程所需资金量较大。所以，在目标客户以土地使用权作为投资，合作伙伴以现金进行投资的情形下，合作伙伴的资金实力尤为重要。很多"烂尾工程"的产生，一个主要原因就是开发资金不足。所以必须全面考察合作伙伴的资金实力，不但要看其注册资本，还要看其现金流量。

（2）考察"软实力"，关键在于看合作伙伴的房地产开发履历和企业背景。所谓"房地产开发履历"，就是指合作伙伴已开发的房地产项目数量、质量及客户口碑。合作伙伴的开发履历是合作伙伴房地产项目运营管理能力的综合体现。因为目标客户欠缺房地产开发经验，所以合作伙伴具有丰富的开发履历，对于保障合作项目的成功就显得尤为重要。所谓"企业背景"，主要是指合作伙伴与政府部门的协调能力。因为，房地产开发手续十分繁杂，涉及国土局、规划局、建委、交委、发改委、人防办、公安消防、园林局、环保局、金融机构等众多部门。因此，合作伙伴能够具有比较强的政府及金融机构的公关能力，无疑将会为合作项目的成功增添一个非常重要的砝码。

对于合作伙伴的考察，目标客户可以通过聘请律师事务所、会计师事务所出具法律、财务尽职调查报告的方式进行，通过中介机构对合作伙伴所作的科学、详细调查，为决策提供合理依据。

2.确保合作开发房地产合同合法有效

合作开发合同是对合作双方权利和义务的全面、详细规定，又称之为合作开发项目的"宪法"。该合同是处理合作双方在合作过程中发生的各种问题和纠纷的根本依据。所以，如果合作开发合同无效，将对双方合作带来致命性打击。房地产企业可从以下几个方面防范无效合同：

（1）准确把握合同性质，避免签订名不符实的合同。

（2）严格审查当事人的资质条件。

（3）以划拨土地使用权作投资，必须取得有批准权的人民政府同意。

（4）保证合作合同的建设内容符合法律规定。

（5）及时补办审批手续，在合同被认定为无效之前将其变更为有效合同。

3.签订一份内容详备的合作开发合同

签订一份内容详备的合作开发合同，对于防范和控制合作项目的法律风险意义十分重大。合作开发合同至少应包括以下几个主要内容。

（1）合作项目概况。包括合作双方的介绍，土地的现状及基本资料，项目报批手续，项目拆迁、"七通一平"等。

（2）合作方式。明确规定是采取合同型合作开发模式，还是法人型合作开发模式，或是其他模式；如采取合同型合作开发模式，建议合作双方成立项目开发部负责合作开发具体事宜，并明确双方的组成人员；如采取法人型合作开发模式，应明确项目公司的设立时间、注册资本、出资方式、双方可以委派的董事、监事人数及议事规则等。

（3）合作双方的权利和义务。包括项目总投资数额及投入方式、土地使用权证的过户或变更登记、工程建设项目相关许可证书的办理、资金到位进度安排及监管（建议制定时间表，在合同型合作开发模式中，建议通过设立共管账户的方式，在法人型合作开发模式中，建议目标客户通过委派财务人员等方式，加强对开发资金的监管）、其他双方认为有必要的事项。

（4）明确利益分配。详细规定利益分配方法、分配时间、分配方式、分配比例等。如系分配房屋，则应明确房屋性质、具体位置、栋号、楼层、朝向、建筑面积或套内建筑面积等事项。

（5）合作期限。

（6）违约责任。针对不同的违约情形约定具体的承担金额或承担比例；对于严重的根本性违约情形，要约定违约超过一定具体期限时，应承担较大的违约金额或较大的违约比例，违约方除应按照约定承担违约责任外，守约方有权解除合同等。

（7）未尽事宜的处理方式。

（8）纠纷的解决方法。

（9）合同份数及合同生效的条件。注明每份合同具有同等法律效力，合同附件与合同具有同等法律效力。

签订合同时，还应当重点注意以下细节。

（1）合同条款尤其是双方权利、义务及违约责任的约定条款必须明确、具体、详细，用词（包括标点符号）准确而不发生歧义，切忌模棱两可、含混不清，避免不必要的纠纷。

（2）口头协商一致的事项最好能够落实到具体的书面合同中。俗话说："口说无凭，立字为据"，毕竟发生纠纷时需要用证据来支持自己的主张和请求。宁愿签订合同时麻烦一点，也不要在以后发生争议、己方利益受损时索赔无凭无据，吃哑巴亏。

（3）将与原件核对无误的有效营业执照、资质证书、身份证、资信证明、批准文件、批准证书、房屋分配表及图纸等作为合同附件。

（4）注意除在落款处盖章、签字盖手印外，还要对每份合同都盖上骑缝章。

由于合作开发合同非常复杂和重要，建议聘请专业律师进行起草，或交由专业律师最后审核定稿。

4.及时、全面履行合作开发合同

一份内容再详备、条款设计再科学的合同，如果得不到切实的履行，也就等于废纸一张。那么，合作双方以期通过合同达到防范和控制法律风险、保障双方合法权益的目的，也就无从谈起。所以，合同的制定重要，合同的履行更重要。特别是在合作开发房地产项目中，由于各方权利和义务都较多，而一些重要义务的履行直接关系到合作项目的能否成功。比如开发土地的过户或更名、开发资金的及时到位、开发手续和证照的及时办理等。房地产企业应制定科学完备的合同履行管理制度，比如设置合同专员岗位，负责合同的存档、管理、履行的提示及监督等工作；对于己方到期应履行的义务，应及时、全面履行；对于合作方未及时履行义务的，应善意提醒，情节严重的，要通过发出书面通知或律师函的方式督促履行，并保存相关证据，为以后纠纷的处理做好准备。

三、项目不同阶段的风险分析

1.项目决策阶段的风险分析

在房地产开发的整个过程中，投资决策阶段最为关键，拥有最大的不确定性与机动性。房地产投资一旦展开进行，就很难从项目建设中撤出。

（1）风险因素。房地产项目开发决策阶段风险因素如表18-3所示。

表 18-3　开发决策阶段风险因素

序号	风险因素	具体说明
1	政策风险	房地产投资是一项政策性很强的业务，它受多种政策的影响和制约，如投资政策、金融政策、产业政策、房地产管理政策以及税费政策等。在市场环境还不完善的情况下，政策风险对房地产市场的影响尤为重要
2	投资时机风险	开发商必须对未来几年国家和地区的经济发展趋势、人口增减、收入水平升降、消费心理和物业需求变化等风险因素进行预测，以选择、确定合适的开发时机，保证开发项目将来有良好的市场需求，避免因投资时机选择不当而带来风险
3	投资物业位置风险	房地产位置不仅指所处的自然地理位置，同时还包括其社会地理位置、经济地理位置和交通地理位置。土地所处区域内的自然条件与社会、经济、行政等因素产生的综合效应，决定着土地的潜在收益能力，是影响房地产投资风险的决定性因素
4	投资物业类型风险	不同类型的房地产开发项目存在不同的风险，房地产开发商在选择开发哪一类型物业时必须慎重考虑。因为房地产投资一旦开始，一般很难再就物业类型进行调整和更改。各种不同类型的物业对位置的敏感程度不同，因此其抗风险能力也不同

（2）风险预防。房地产开发企业在投资决策阶段应有如表18-4所示的风险预防措施。

表 18-4　投资决策阶段风险预防措施

序号	风险因素	具体说明
1	建立一支高水平、多学科的开发队伍	有了这样一支队伍，就可以科学地把握国家和地区经济发展的脉搏，制定适合自身特点的开发策略，合理评价和选择开发投资方案，从根源上消除或减少房地产开发过程中的各种风险
2	树立风险意识	建立风险管理组织，高度重视开发企业内部风险管理强化对房地产开发风险管理理论的研究和学习，加强风险损失资料的搜集整理和分析，做到常备不懈
3	健全风险预警系统	防范风险的关键是预先行动，即主动控制。项目进入实施阶段时间越长，控制风险的成本就越高
4	贯彻执行风险管理责任制度	房地产开发企业要建立风险管理责任制度，制定科学的考核标准和奖罚措施，并在实际中严格执行；建立健全风险管理机构，编制并推行风险管理计划

2. 项目开发阶段的风险分析

经过投资决策阶段，房地产投资活动即进入开发前期阶段，为建设项目的正式开工做准备。

（1）风险因素。在房地产项目开发前期这个过程中面临的风险，具体内容见表18-5。

表 18-5　项目开发阶段的风险因素

序号	因素类别	具体说明	备注
1	置地风险	置地时机风险是指房地产开发商确定购买土地使用权时机不当所带来的风险	房地产开发商应在完成项目可行性研究后，并尽可能就规划设计方案与政府有关部门沟通，同时落实建设资金及各项建设条件，再购买土地使用权，这样可避免因建设资金、规划要求、建设条件等变化而带来的风险
2	宗地状况风险	宗地状况风险包括位置坐落、形状、面积、地形、地质、现状、土地用途和规划条件等	房地产开发企业在购买土地时应充分掌握拟购土地的自然属性、使用属性，防范宗地状况风险
3	融资风险	房地产融资风险是指房地产开发企业在利用各种方式融通资金时，由于融资条件考虑欠妥而使其盈利遭受损失的可能性	融资风险主要包括银行信贷融资风险、预售融资风险、债券融资风险、股票融资风险等
4	工程招标与发包风险	工程招标与发包是指房地产开发企业通过招标文件将委托的工程内容和要求通知承包商，由他们提出工程施工组织设计及报价，通过评审择优选择信誉可靠、技术能力强、管理水平高、报价合理、工期短的施工企业，并以合同形式委托其进行工程施工	由于招标方式、招标条件以及招标过程中一系列变量的影响，有可能使工程成本增加，给工程投资者带来损失，工程投资者也有可能通过增加房地产商品价格，将损失转移到商品消费者身上
5	合同风险	建筑安装工程承包合同风险包括合同不完善风险（由于合同条款不完整，叙述不严密，有漏洞，或部分条款违法，存有"陷阱"，在执行中可能给投资商造成损失）和纯合同风险（由于合同条款规定而引起的风险）两类	建筑安装工程承包合同风险按计价方式的不同分总价合同风险、单价合同风险和成本加酬金合同风险

（2）风险预防。在前期工作阶段，为了预防风险，可以采取如图18-1所示的预防措施。

1　积极与地方政府、各管理部门、金融机构等相关单位搞好关系，争取获得其对开发项目的理解、支持和帮助，这样就可以化解众多风险因素，减少来自各个层面的干扰，确保项目顺利进行

2　妥善处理征地、拆迁和安置补偿问题，既讲原则性，更讲灵活性，防止矛盾激化

3　增强合同意识，认真签订土地出让合同、勘察规划设计合同、拆迁安置补偿合同、资金使用合同。尽量避免合同歧义、漏洞、陷阱

4　调查预测房地产消费趋向，优化设计方案，采用优化设计、价值工程技术，充分考虑项目防火、抗震、御灾、防密和安全要求，防止技术风险

图 18-1　开发前期阶段风险预防措施

3. 项目建设阶段的风险分析

房地产建设阶段是指开发项目从正式开工到工程竣工验收形成建筑物实体的工程施工建设阶段。

（1）风险因素。房地产建设阶段的风险主要是在施工过程中由于管理不善、措施不当等引起的工期风险、技术风险、质量风险和安全风险，具体内容见表18-6。

表 18-6　建设阶段风险因素

序号	风险类别	具体说明
1	工期风险	建设工期是指建设工程从开工起到完成施工合同专用条款双方约定的全部内容，工程达到竣工验收标准所需的时间。建设阶段任何环节的时间损失，都会使工期拖延，而时间的延长，一方面房地产市场可能会发生较大变化，错过最佳租售时机；另一方面会增加房地产开发商资金利息支出，导致资金积压、开发成本增加、投资利润下降

续表

序号	风险类别	具体说明
2	技术风险	技术风险是指建筑设计变更，或因为科学技术的进步，新材料、新技术和新工艺的不断创新而给房地产开发企业带来的工期、成本和质量损失
3	质量风险	工程质量是国家现行的有关法律、法规、技术标准、设计文件及工程合同中对工程的安全、使用、经济、美观和环境特性的综合要求。在工程建设中，影响工程质量的五个重要因素是人、材料、机械设备、方法和环境
4	安全风险	安全风险包括施工人员不安全行为风险、控制物不安全状态风险、作业环境不安全风险三类。发生安全风险必能导致人身和财产损失，工期延误，效率下降

（2）风险预防。在房地产项目建设阶段，风险预防的主要措施如图18-2所示。

采用系统的项目管理方法。如聘请专业工程师参与承包合同条款的起草与谈判，并加强日常的合同管理，可以减少被承包商利用合同条款进行索赔的风险和机会。这样就可尽可能地减少或避免因施工质量而引起返工，进而影响工程工期、影响项目交付使用的风险

向施工方人员灌输安全意识。抓好进场人员安全培训教育，严格遵守操作规程，专业工种先培训后上岗。制定安全管理措施，经常进行安全检查；要求上岗人员佩戴安全帽，系安全带；采取措施防止人员高空坠落，空中作业掉物伤人；开展守法教育，打击盗窃、玩忽职守等不法行为

做好现场容易出现危险事故的预案工作，如基坑开挖、护坡处理、高空坠落以及风、雨、雪、雹、霜等恶劣天气等

及时协调、处理设计、监理、施工、材料设备供应各方及总包与分包之间的关系和各种矛盾

合理布置施工现场。易燃、易爆品仓库要远离食堂、变电房等火源地，严禁烟火；水泥仓库地面要架空，防水防潮，注意覆盖；装饰材料要合理堆放，保证不变形、不污染

6　加强现场质量监控，通过督促施工技术、组织、措施、人员、机械的落实，防止质量缺陷和建筑工程质量通病的发生

7　做好现场建设日志，注意资料收集和保存，及时落实建设条件，预防和减少施工索赔

8　尽快完成开发项目，缩短建设周期，这也是一些房地产小开发企业惯用规避风险的措施

图 18-2　建设阶段风险预防措施

4. 项目租售阶段的风险分析

房地产项目开发完毕后，房地产开发企业面临的主要任务即是实现房地产的商品转化，尽快实现投资回收并获取利润。

（1）风险因素。房地产租售阶段风险因素如表18-7所示。

表 18-7　房地产租售阶段风险因素

序号	因素类别	具体说明
1	价格风险	价格风险是指开发商由于市场研究不充分、市场定位不准确、定价策略不科学等导致房地产定价不合理而给其带来的收益损失。定价高了，价格可能不为市场所接受，导致房地产滞销，总收益下降。相反，定价低了，虽然房地产销售喜人，但却白白损失了应得收益
2	营销风险	房地产营销是指房地产开发商根据市场状况、物业的地点、消费者偏好、支付水平等确定房地产租售策略并进行房地产租售的行为，其风险包括营销渠道风险和营销方式风险
3	租售后风险	房地产投资竞争日益激烈，消费者不仅注重其价格和质量，而且还十分注重其租售后服务，即物业管理。租售后风险主要有物业管理公司选择风险和收费风险

（2）风险预防。在租售管理阶段，为预防风险，房地产企业可采取如图18-3所示的防范措施。

1 房地产租售合同应由房地产专业人士起草，并经律师或法律工作者审查，做到合同条款明确、详尽、合法

2 在租售过程中，房地产商应密切关注市场的动态发展，了解需求状况，采取灵活而合理的定价措施，避免或减轻因高价或低价带来的风险

3 为回避企业自身营销经验不足、营销手段不当的风险，可通过营销代理，以充分利用代理人丰富的营销经验。采用灵活多变的营销方式，拓宽营销渠道，降低营销风险

4 定期检查房地产状况，发现和消除现有房地产存在的各种隐患。定期组织建筑物及附属设备维修，将隐患消灭在萌芽之中

图 18-3   租售管理阶段风险防范措施

相关链接

提升房地产开发风险管理的有效措施

1.设立房地产投资风险管理部门

随着房地产产业的发展越来越成熟、规范，投资风险虽然越来越被关注，但在行业内部的开发企业很少会专门设立房地产投资风险管理部门，对投资风险的分析往往仅限于某一个具体项目，缺少贯穿于整个投资过程的风险管理，导致投资决策的局限性和短暂性。随着进一步完善、规范的市场控制，加强和管理房地产投资风险，控制和防范房地产投资风险，更应从机制上、制度上加以落实，设立房地产投资风险管理部门显得十分必要。

2.建立完善的房地产风险预警系统

为了及时掌握中国房地产市场运行情况，加强宏观调控和重点地区房地产市场的监控和指导，建设部已在全国35个大中型城市全面启动房地产市场预警预报信息系统。这个系统包含数据采集、预警预报系统和市场监控三部分，通过整合房地产交易数据、土地开发用地数据、房地产价格数据等7种数据的基础上，定时发布监管信息。

3.加强项目可行性研究工作

可行性研究是整个房地产开发过程中的关键步骤，是指投资者在投资决策前，在政府政策法规、城市规划条件等约束条件下，根据房地产市场的供求现状及发展趋势，对投资项目进行全面的分析、论证和评价，从而判断投资项目技术上是否可行、经济上是否合理，并对开发成本、需求量、售价或租金等做出预测，预测的结果大多是概率性估计，存在大量的不确定因素，因此，可行性研究阶段对风险的估计和分析真实与否，是十分必要的，是房地产投资项目开发成功的关键环节。

4.制定周密应急计划

投资额大、周期长是房地产开发项目的特点，周期短则两年，长则五年，在这期间，国家金融政策、产业投资政策等宏观政策的调整，以及企业内外部各种因素的变动，都可能导致房地产风险增大。项目管理者必须对现在和未来做出有效的计划，计划包括项目具体实施计划，同时还应包括面临应急情况的应急计划，主要包括风险的描述、风险出现的可能性、完成计划的假设、风险的影响及应对的措施。

5.加强项目成本控制

成本控制是企业根据一定时期预先建立的成本管理目标，有效的控制能减少由于开发成本支出增多的风险，对于房地产项目而言，可以采用以下做法有效控制成本：逐步建立科学的工程造价分析系统，为阶段工程造价管理提供准确的相关依据和标准，加大招标力度，有效控制工程造价；重视工程项目"质量成本"和"工期成本"的管理和控制；提高概预算的编制质量，加强结算把关工作。

6.密切关注市场动态

在房地产投资的各个环节中，营销是最后一个环节，也是关键环节之一。房地产商需要全面了解和关注市场供需情况，掌握市场发展动态，采取灵活而合理的定价方案，来避免和降低因价格带来的风险。企业为规避自身营销经验不足、营销手段不当的风险，可采用灵活多变的营销方式，拓宽营销渠道，降低营销风险。

四、项目收购与转让的风险分析

在房地产开发过程中，往往会由于一着不慎而导致项目收购与转让的整体失败，这种开发中的全局性风险尤其需要加以充分的注意与有效地控制。

1. 房地产项目直接收购中的法律风险分析

房地产项目直接收购主要是指收购方直接购买该房地产项目，购买后收购方直接持有该房地产项目。

（1）主要风险。房地产项目直接收购的主要法律风险如图18-4所示。

项目的现状风险。如项目的地理位置、交通条件、是否毛地、拆迁状况不清晰而导致的风险

风险

项目不符合法定转让条件的风险

图 18-4　房地产项目直接收购的主要法律风险

相关链接

房地产收购项目应符合的条件

根据《中华人民共和国城市房地产管理法》第三十九条、第四十条的规定，收购的项目应符合以下法定条件：

（1）按照出让合同约定已经支付全部土地使用权出让金，并取得土地使用权证书。

（2）按照出让合同约定进行投资开发，属于房屋建设工程的，完成开发投资总额的百分之二十五以上，属于成片开发土地的，形成工业用地或者其他建设用地条件。转让房地产时房屋已经建成的，还应当持有房屋所有权证书。

（3）以划拨方式取得土地使用权的，转让房地产时，应当按照国务院规定，报有批准权的人民政府审批。有批准权的人民政府准予转让的，应当由受让方办理土地使用权出让手续，并依照国家有关规定缴纳土地使用权出让金。

（2）防范措施。项目直接收购中的法律风险防范措施如表18-8所示。

表 18-8　项目直接收购中的法律风险防范措施

序号	措施类别	具体说明
1	审查房地产项目的合法性	即审查与房地产项目有关的各类合同和审批文件，充分考虑可能存在的风险： （1）房地产项目资产权属是否明确、清晰、无瑕疵（如有无抵押登记、是否被查封等） （2）土地使用权是否依法取得，取得方式、土地用途、使用年限及建筑物的占用空间、项目的设计用途等是否符合受让方的投资需求（若不符合需求可否依法变更） （3）相关审批手续是否已经依法办好，如有无建设用地规划许可、建设工程规划许可证、施工许可证等
2	确认是否符合上述法定转让条件	注意认定完成开发投资总额的百分之二十五以上，不包括已交纳的土地出让金。应由银行出具审核开发建设资金达到工程总投资百分之二十五以上资金的验资证明
3	调查项目开发情况	（1）是否存在尚未拆迁完毕、需受让方承担拆迁补偿责任的风险 （2）项目规划是否合理、有无超规划的情况 （3）项目的相邻关系是否存在纠纷或者潜在危机（如因采光、日照、通风、建设工地噪音等原因引发纠纷或者诉讼，导致工期拖延和经济赔偿双重损失）等
4	避免收购毛地的风险	（1）毛地出让中往往政府出让土地使用权时尚未完成国有土地使用权收回和对房屋所有权人和土地使用权人拆迁补偿安置工作，地上现存建筑物和构筑物的所有权人和相应的土地使用权人在法律上依然享有完全的物权，因此新的土地使用权受让中标人面对的法律关系较为复杂 （2）《中华人民共和国物权法》更加严格地限制了征收条件，必将使我国现行的征收拆迁补偿制度发生重大变化，无疑会增加房地产开发的成本，同时有可能延缓拆迁的进度进而影响房地产开发的速度
5	确认是否存在分层设立的土地使用权	《中华人民共和国物权法》第一百三十六条的规定，建设用地使用权可以在土地的地表、地上或者地下分别设立。新设立的建设用地使用权，不得损害已设立的用益物权。据此，要防止同一块土地的地下部分和地上空间还设有其他土地使用权

2. 房地产项目股权收购的法律风险分析

房地产项目股权收购主要是收购方购买持有该房地产项目的公司的股权，通过持有该公司股权间接持有该房地产项目。

（1）主要风险。通过收购项目公司的股权间接收购项目方式的主要风险在于该标的公司对外担保等或有负债的风险较大。

（2）防范措施。在房地产项目公司股权转让中，为了清楚地判断股权的价值，股权受让方必须对房地产项目公司的资产有十分充分的了解。具体考察要点见表18-9。

表 18-9　房地产项目公司考察要点

序号	要点类别	具体说明
1	标的公司的基本资料	如公司是否正常经营（营业执照是否正常年检，有无停业），公司股东是否主体适格（实际出资人与登记股东是否一致，出资是否按时足额缴纳），转让标的是否合格（股权有无抵押登记或被查封），对外转让是否合法（是否符合法律及公司章程的程序和实体规定）。这类信息可以到公司住所地公司登记机关查询工商登记详档，并到目标公司核实与工商登记是否一致
2	标的公司的资质等级及年检情况	（1）根据我国法律规定，房地产开发企业应当依法申请核定企业资质等级。未取得房地产开发资质等级证书的企业，不得从事房地产开发经营业务 （2）房地产开发企业的资质实行年检制度。各资质等级企业应当在规定的业务范围内从事房地产开发经营业务，不得越级承担业务
3	标的公司的经营情况	如标的公司的年检报告、财务、税收情况等。从法律角度应主要审查标的公司对外签署的合同及其履行情况。特别是标的公司的对外担保情况应重点审查，并逐一到相关登记机关核实，使其最大限度地反映标的公司的现实状况
4	标的公司股东情况	标的公司股东的财务实力与履约能力情况。可以参照对标的公司的调查项目对其股东进行必要调查

3. 房地产项目直接转让方式法律风险分析

项目转让是指将已经获得立项批准具备开工条件的房地产开发项目转让给第三方的行为。在时间点上项目转让是指在取得商品房预售许可证之前，否则就可能是房屋转让。

（1）主要风险。项目转让的特点要求转让方对项目转让时必须已完成了法定要求的投资，否则将被视为炒卖土地，不仅存在转让合同无效的风险，甚至存在非法倒卖土地使用权罪的刑事风险。

（2）防范措施。项目直接转让方式法律风险防范措施如表18-10所示。

表 18-10　项目直接转让方式法律风险防范措施

序号	措施类别	具体说明
1	对行政变更的复杂性和税费负担充分了解	（1）手续复杂，要从立项开始，对项目建设选址意见书、用地规划许可证、土地使用权证、建设工程规划许可证、施工许可证等环节逐一办理变更手续，有的甚至还有可能面临被调整用地面积、容积率、土地用途等经济技术指标的风险 （2）需缴纳数额相当可观的过户税费，包括增值税、契税、印花税、地方教育附加等税收和交易手续费
2	达到法定投资要求	注意在项目转让时完成法定投资要求，达到法定转让条件。否则，转让合同将可能因违反法律的强制性规定而无效
3	避免刑事风险	注意非法转让、倒卖土地使用权罪的构成。我国《中华人民共和国刑法》第二百二十八条的规定，以牟利为目的，违反土地管理法规，非法转让、倒卖土地使用权，情节严重的，处三年以下有期徒刑或者拘役，并处或者单处非法转让、倒卖土地使用权价额百分之五以上百分之二十以下罚金；情节特别严重的，处三年以上七年以下有期徒刑，并处非法转让、倒卖土地使用权价额百分之五以上百分之二十以下罚金

4. 房地产项目公司转让方式风险分析

房地产项目公司是指投资者专为开发特定的房地产项目而成立的房地产开发有限公司。房地产项目公司转让就是指投资者注册成立房地产开发有限公司，然后将其持有的公司股权转让给第三人。这种转让是以公司股权转让方式实现房地产项目转让以达到房地产项目投资主体更替的目的。

（1）主要风险。在项目本身不符合法定转让条件的情况下，项目公司的股权转让存在被认定为"以合法形式掩盖非法目的"的风险。实践中，有些地方的土地管理部门与工商部门联合规定了一批尚未完成项目开发投资任务的项目公司的名单，规定这些公司的股权不得转让。

（2）防范措施。为审慎起见，对于只拥有单一项目的纯粹项目公司的股权转让，尤其是全部股权转让，仍应注意项目法定转让条件的限制。一般房地产公司即非项目公司的股权转让，只要符合《中华人民共和国公司法》的规定即可，应不受该条件的限制。

对于不符合完成投资总额百分之二十五等法定条件的项目，应根据项目的具体情况，可在现有法律框架下采取以下灵活务实的变通方式，具体内容见表18-11。

表 18-11　变通方式

序号	方式类别	具体说明
1	增资扩股方式	通过增资扩股的方式，为房地产项目开发提供所需资金的融资方法，属于房地产长期性股权融资。实践中主要是通过私募方法由新增股东购买房地产企业所扩股本
2	阶段性股权融资方式	在项目确定下来之后，即将进入成熟期之前，房地产开发企业通过增资扩股的方式进行融资，而在房地产项目实现销售后溢价回购原所增股权的融资方式
3	商品房包销方式	用包销来代替项目转让，包销人按包销合同约定的时间分期分批支付包销款等于变相的支付项目转让款或合作款，将项目转让合同中受让方的权利义务转化为包销合同中包销方对项目经营管理的权利义务
4	承包经营方式	以实现广义项目转让为目的的承包经营分为承包经营项目公司与承包经营项目两种，前者由承包人与项目公司的股东签订承包经营合同，后者由承包人与项目公司签订承包经营合同，前者的合同的是项目公司，后者的合同标的是项目本身

相关链接

提升房地产项目收购与转让法律风险管理的有效措施

一、全面了解标的公司和项目的具体情况

这是防范法律风险最重要的一项工作。收购方最好委托律师对标的公司和标的项目进行尽职调查。标的公司一般都是项目公司，即专门为开发标的项目而设立的房地产开发公司。收购方还应对律师调查的相关事项进行严格审查，主要内容如下。

1.审查标的公司的状况。

例如，审查标的公司的资质，看其是否具备开发标的项目的相应资质，其资质是否按时进行年检；审查标的公司的经营状况，了解其是否正常营业，有无停业、歇业、被吊销营业执照等情况；审查标的公司对外签署的合同及其履行情况；审查标的公司的财务状况；审查标的公司的债权债务状况；审查标的公司的或有债务，包括未披露的隐形债务，对外担保、潜在的合同违约、潜在的未支付款项等；审查标的公司是否存在未了结的诉讼、仲裁案件；审查标的公司的股权状况，包括股东情况，有无隐名股东，股东是否完成了出资，股权是否清晰，有无股权纠纷，股权有无瑕疵，是否存在抵押或被查封等情形。

2.审查标的项目的状况。

例如审查土地状况，项目所在地块是国有出让土地还是国有划拨土地，土地用途是商业用地、住宅用地还是办公用地，是否拖欠土地出让金，是否出现土地闲置的状况等。项目所在地块是否取得建设用地批准证，转让方是否持有建设工程规划许可证和建设工程施工许可证，项目转让时转让方是否已完成了法定要求的投资，项目是否存在被抵押查封情形等。

二、进行财务审计、资产评估和风险评估

为慎重起见，应当委托第三方对标的公司进行财务审计，对标的项目进行资产评估，以防范财务风险，确定收购价格。收购方还应组织律师、会计师（或审计师）、工程师等联合"会诊"，对项目收购进行风险评估。

三、选择恰当的收购方式

对房地产项目的收购，主要有两种收购方式，一是直接收购方式，即直接收购项目的方式；二是间接收购方式，即通过收购标的公司的股权间接收购项目的方式。

和直接收购方式相比较，间接收购方式具有以下优点。

一是手续比较简单。收购标的公司的股权，只要签订股权转让协议并依法办理股权转让变更登记手续，收购方即可享有标的公司的股权，进而掌控整个项目。如果直接收购项目本身，则要涉及办理土地使用权的过户及建设手续的更名等，手续极其复杂烦琐。

二是省时、省钱、高效。对于收购方而言，间接收购比直接收购可以少缴交相当于成交金额3%的契税，以及营业税及附加、土地增值税等许多交易税费。加上股权转让手续办妥后，收购方即可以利用标的公司对项目进行开发建设，无需再另行成立房地产公司。

间接收购方式的不足之处在于，难以控制债务风险，尤其是标的公司的或有债务，使得标的公司始终处于债务不确定的状态。

对于暂时还不符合转让条件的项目，由于直接收购方式无法进行，只能选择间接收购方式。对于符合转让条件的项目，如果标的公司的管理尤其是财务比较混乱，债务较多且难以确定，标的公司的股东经济实力又比较弱，无法提供有力的担保，则可以采取直接收购的方式。有的项目虽然符合转让的条件，但投资方急于进行项目开发，则宜采取间接收购的方式。总之，采取何种收购方式，要视具体情况而定。

四、签署意向书

根据项目收购的方式，交易双方应当签署项目转让或股权转让意向书。意向书的主要内容包括转让标的，转让标的的基本信息，转让对价，工作进度安排，排他协商条款，保密条款，诚意金条款，意向书解除或终止条款等。

五、签订完善的转让协议

1.签订股权转让协议和项目转让协议的通用条款如下。

（1）双方当事人的基本情况。

（2）转让标的。

（3）转让的先决条件。

（4）价款及其支付方式。

（5）经营管理条款。

（6）过渡期安排条款。

（7）交接手续。

（8）担保条款。

（9）保密条款。

（10）违约责任。

（11）协议解除或终止条款。

（12）争议解决办法等。

2.采取间接收购方式的，还需要约定：标的公司概况、原有股东及其所持的股权比例，股权转让比例，债权债务的处理，股权变更手续的办理等。

3.采用直接收购方式的，还需要约定：项目基本情况，转让方已经办妥的有关手续，取得的证照批文及其文号，项目转让需要办理的法律手续及其办理方式，税费的分担，非因双方原因导致无法成交的退出条款，不可抗力条款等。

六、防范标的公司的法律风险

通过律师尽职调查和收购方的严格审查，标的公司的法律风险绝大多数得以披露，部分风险甚至提前得到防范。这里重点谈标的公司债务（含或有债务）的风险防范，主要做法如下。

1.由转让方向收购方全面披露并书面确认标的公司的全部债权债务，包括担保债务。

2.委托第三方对标的公司进行财务审计。

3.由转让方股东出具债务承诺书，并签订担保合同，对交易前标的公司的债务进行担保。

4.在报纸上对标的公司进行债权公告。

5.必要时委托第三方对股权或项目转让款项进行监控。

6.留存一定比例的转让款项作为履约保证金。

7.其他必要措施。

七、控制标的项目的法律风险

如果项目未足额缴纳土地出让金，要尽快补交；对于项目完成开发投资总额的百分之二十五以上的转让条件，如果已经符合条件，则要求建设银行出具相关证明；如果未符合条件，则需通过各种方式，增加投资。项目未办妥有关证照、手续的，应由转让方和收购方共同配合办理。土地使用权或在建工程有如果已经被抵押或者查封的，收购方要么终止收购，要么与转让方一起共同与有关债权人协商，设法涂销抵押权，或解除土地或在建工程的查封。

八、防范税务风险

收购方应充分了解标的公司的税务情况，通过第三方审计，查明有无偷税漏税逃税行为，并要求转让方出具税务承诺书。了解项目或标的公司收购转让所涉及的税费，例如增值税、契税、印花税、土地增值税、地方教育附加等税收和交易手续费等。无论是收购方还是转让方，都要遵章纳税。如果要合理避税，建议请税务师参与运作。

九、确保交易程序完备合法

交易程序不合法，会最终导致整个项目收购的失败。所以，交易双方要严格履行法定程序。例如，交易双方应当召开股东大会，做出同意收购或转让的决议；交易一方是国有企业，或者其股东是国有企业的，还需要履行相关报批手续；股权转让协议签订后，应到工商行政管理机关办理变更手续等。

如果是直接转让，项目转让协议签订后，应当办理下列手续。

1.项目土地使用权的变更登记手续。

2.项目土地使用权为划拨取得的，还应先办理土地使用权出让手续。

3.向房地产开发主管部门办理房地产开发项目转让的备案手续。

4.向规划管理部门和建设管理部门办理建设工程规划许可证及建设工程施工许可证的更名手续。

5.依法需要办理的其他手续。

十、办好交接手续

交易协议签订后，交易双方需要按照协议约定及时办理交接手续。主要包括如下。

1.资产交接。双方按照协议约定和双方确认的资产清单进行交接，由标的公司向收购方移交相关资产，包括动产和不动产。

2.财务交接。由标的公司向收购方提交全部财务账册资料。

3.印章、证照等交接。由标的公司向收购方移交标的公司的所有印章，包括公章、财务章、法定代表人私人印鉴，提交公司营业执照正副本、标的公司资质证书，国有土地使用权证、建设用地批准证书、建设工程规划许可证和建设工程施工许可证，以及标的公司、标的项目正常运作所需要的证照文件、资料档案等。

4.人员交接。处理好标的公司有关人员去留问题，以及收购方和转让方的工作交接问题。